Jean-Marie Charon

La presse quotidienne

NOUVELLE ÉDITION ENTIÈREMENT REFONDUE
ET MISE À JOUR

La Découverte
9 *bis*, rue Abel-Hovelacque
75013 Paris

Si vous désirez être tenu régulièrement informé des parutions de la collection « Repères », il vous suffit de vous abonner gratuitement à notre lettre d'information mensuelle par courriel, à partir de notre site **http://www.collectionreperes.com**, où vous retrouverez l'ensemble de notre catalogue.

ISBN : 978-2-7071-4343-3

Introduction

À chaque début de décennie reviennent les messages d'alerte à propos de la santé des quotidiens. Un recul ininterrompu de la presse quotidienne française serait engagé : 360 quotidiens achetés, en 1946, pour 1 000 habitants, 167 aujourd'hui. Comparativement, il y en a 684 en Norvège et 393 au Royaume-Uni. Le thème de la « crise », pour avoir trop servi, ne permet plus de distinguer entre des périodes particulièrement difficiles et un mouvement plus général qui verrait les secteurs historiquement les plus significatifs ou les plus puissants (quotidiens populaires, presse régionale, etc.) progressivement s'effilocher à raison de un à un demi-point par an, sans jamais connaître de véritables reprises. Faut-il parler de crise structurelle de la presse quotidienne et quels en sont les éléments d'explication ? Toutes les formes de quotidiens sont-elles emmenées dans ce mouvement ? Peut-on imaginer de nouveaux modèles de quotidiens qui permettraient à ce moyen d'information de reconquérir une place nouvelle dans notre système médiatique ?

Jusqu'à la fin des années 1990, plusieurs facteurs permettaient de nuancer le triste tableau français. D'une part, quelques quotidiens spécialisés (en économie ou en sport) ou « haut de gamme » (à la manière du *Monde*) semblaient échapper à la dépression ou être capables de reprises prometteuses. D'autre part, ailleurs en Europe et bien sûr dans le monde — au Japon et plus généralement en Asie ou sur le continent américain —, les journaux continuaient à évoluer, innover, se développer. Leurs entreprises étaient souvent puissantes et prospères. Or, pour la première fois, au début des années 2000, c'est à l'échelle mondiale — lors des rencontres de l'Association mondiale des journaux — que des messages d'inquiétude sont lancés, y compris par les Japonais ou les Scandinaves. D'aucuns ont vite fait de pronostiquer la « mort du papier » et, singulièrement, du quotidien. Il est plus intéressant d'identifier la nature des difficultés actuelles afin de tenter d'y lire les voies de sortie d'un tel malaise.

L'indicateur le plus incontestable du recul des quotidiens est l'achat — la « diffusion » ; or celle-ci est, en 2004, des plus sinistre : sur quatre-vingts titres, seuls quatorze d'entre eux maintiennent ou font progresser leur diffusion. En province, à part *Le Télégramme de Brest*, il s'agit plutôt de petits titres, les écarts étant faibles. Pour les nationaux, les progressions concernent surtout les quotidiens spécialisés et également modestes. En revanche, les reculs peuvent être sévères, dépassant les 5 % dans quelques cas. Rapportés à une échelle de temps long, les mouvements dans la diffusion dessinent une tendance encore plus nette, où dominent l'effondrement des populaires et le déclin des quotidiens d'opinion. Un mouvement plus incertain s'observe pour les quotidiens « haut de gamme », seul segment généraliste où s'est installé un nouveau titre — *Libération* — dans les années 1980.

Évolution de la diffusion de quatre quotidiens nationaux
(segments « haut de gamme » et populaires entre 1960 et 2004)

	1960	1975	1994	2004
Le Figaro	386 000	382 000	386 000	330 000
Le Monde	166 000	425 000	354 000	331 000
Le Parisien + Aujourd'hui	756 000	310 000	423 000	500 000
France Soir	1 115 000	633 000	203 000	62 000

Source : OJD (chiffres arrondis au millier supérieur).

Doit-on pour autant conclure à un abandon de la lecture du quotidien ? La réponse est plutôt complexe : les chiffres de l'étude des « pratiques culturelles des Français » [Donnat, 1998]*

---

* Les références entre crochets renvoient à la bibliographie en fin d'ouvrage.

montrent que la lecture régulière baisse sensiblement, passant de 55 % à 36 % entre 1973 et 1997. Pour autant, la non-lecture ne progresse pas aussi sensiblement. D'où la notion d'« occasionnalité de lecture » ou d'infidélité qui conduirait à concentrer les stratégies éditoriales et commerciales sur des moyens de fidélisation (cahiers thématiques, portage, etc.). Seulement, certaines catégories de population sont davantage « infidèles » ou non lectrices, la première d'entre elles étant les jeunes, y compris les jeunes adultes. La densité de lecture de quotidiens est également plus faible dans les zones urbaines et particulièrement les villes métropoles. Les femmes sont aussi moins nombreuses à les lire, alors qu'elles sont plus grosses lectrices de livres et de magazines que les hommes.

Tendanciellement, le constat est inquiétant puisqu'il laisse craindre un non-renouvellement du lectorat, alors que le quotidien serait plus fragile là où la société se développe et se renouvelle plus rapidement. Une sorte de photographie inversée pourrait d'ailleurs être obtenue vis-à-vis de la lecture des magazines, lus par les jeunes adultes, les femmes, les urbains. Soit une manière de pointer un problème spécifiquement français qui voit le magazine constituer le principal concurrent du quotidien. Le lancement de « gratuits » début 2002 vient encore compliquer les choses, puisque ceux-ci, distribués dans les dix plus grandes villes françaises, sont bien accueillis par un public jeune, éduqué, avec un rééquilibrage hommes-femmes. Les gratuits sont-ils capables d'inverser la tendance au déclin du lectorat des quotidiens ou menacent-ils à terme des quotidiens classiques « payants » ?

Derrière le recul des ventes et de la lecture s'enchaîne la spirale des malheurs des quotidiens français : moins de lecteurs et d'audience amène moins d'annonceurs et de recettes publicitaires, avec le recul régulier de la part des quotidiens face aux autres médias, dans le chiffre d'affaires publicitaire. Le ratio entre publicité et vente aux lecteurs, de l'ordre de 40/60, ne peut que s'en ressentir, un effort plus important étant demandé au lecteur, avec des prix trop élevés, au regard des quotidiens des pays à fort niveau de lecture, et vis-à-vis des « gratuits », bien sûr, qui viennent perturber davantage une économie fragile. Mécaniquement, les déficits et déséquilibres s'enchaînent, qu'ils concernent les entreprises de presse ou leurs partenaires, agence d'information (l'AFP : Agence France-Presse) ou système de distribution (messageries et diffuseurs), eux-mêmes trop coûteux et insuffisamment efficients par la faiblesse des volumes de quotidiens à « traiter ».

Face aux menaces de disparitions de titres, le salut pouvait venir de rachats par les plus forts, les plus entreprenants, à la recherche de synergies et d'économies d'échelle. D'autres crurent trouver des voies de développement dans la diversification vers d'autres médias. En soi, ces stratégies ne pouvaient permettre de faire l'économie d'une innovation éditoriale et commerciale constante. En l'absence de celle-ci, les groupes, notamment le plus puissant (celui de Robert Hersant), ne pouvaient que cumuler les reculs et les déficits, jusqu'au moment d'être rachetés à leur tour par un industriel, totalement extérieur à la presse, tributaire de la commande publique.

L'une des interrogations qui s'imposent alors concerne les spécificités du quotidien au regard des autres médias. Et, de ce point de vue, le quotidien se présente comme intégrant « verticalement », de façon inévitable, un très grand nombre de fonctions de la collecte de l'information à la distribution. Soit des structures plus lourdes, « industrielles », socialement complexes, ne pouvant opérer que des évolutions lentes et délicates. De la même manière, dans leur très grande majorité, les quotidiens sont généralistes, appelés à traiter une variété de sujets toujours plus grande, en s'appuyant sur des rédactions aux effectifs importants, sans commune mesure avec les radios généralistes ou les télévisions. Le public du quotidien est indifférencié, non segmenté : *a priori*, chaque titre a vocation à s'adresser à l'ensemble du public. Même si cette caractéristique est virtuelle, elle impose un contenu « fédérateur », qui rend plus difficiles les évolutions que pour nombre d'autres médias. Comment concevoir une formule rénovée, attractive pour les plus jeunes, sans déstabiliser, décevoir, rejeter un public plus ancien et fidèle ?

Le quotidien est à contre-pied des grandes évolutions concernant l'ensemble des médias : foisonnement et évolutivité de l'offre, spécialisation du contenu, segmentation, souplesse et adaptabilité des structures, internationalisation, là où les journaux sont peu nombreux, généralistes, tout public, industriels, avec des outils techniques aux amortissements longs, de lourdes logistiques de collecte de l'information comme de distribution. Peut-on craindre une marginalisation et quelles en seraient les conséquences ? Déjà, une frange du public, la plus jeune, ne se retrouve ni dans l'offre disponible ni dans un traitement aussi généraliste, appelant une culture de l'actualité. Sur nombre de sujets, tels que la distribution et la commercialisation, voire les conditions d'emploi des journalistes, les sujets de tension sont importants et, dans bien des cas, il revient à l'État d'opérer les arbitrages qui permettent de faire reconnaître les besoins spécifiques du quotidien, tout comme le système d'aide tente de compenser des fragilités économiques structurelles.

Lourdeur des structures, rigidités éditoriales, fragilité économique, la presse quotidienne serait particulièrement malmenée sur un marché des médias extrêmement concurrentiel. Les tenants de l'Internet annoncent la « fin du papier », enjoignant l'entreprise de presse quotidienne de se muer en agence d'information plurimédia. Quelques décennies plus tôt, Pierre Lazareff, à la tête d'un *France Soir* qui ressentait les premiers craquements d'un recul de son énorme lectorat, pointait du doigt l'irrésistible attraction de la télévision, à laquelle il collaborait au travers de « Cinq Colonnes à la une ». Et, longtemps, les organisations professionnelles menèrent de vaines batailles pour tenter de limiter le périmètre, les horaires, l'accès au marché publicitaire de ladite télévision. Au début des années 1980, les expérimentations des premiers médias électroniques, simultanément à la « libéralisation » de l'audiovisuel, allaient, là encore, fournir un cadre d'explication supplémentaire à la fameuse « crise de l'écrit ». Sauf que ladite crise de l'écrit aurait bien pu constituer une sorte de leurre pour les quotidiens imaginant que la presse magazine allait connaître le même marasme. Il n'en fut rien et le magazine, en France, est un puissant concurrent du quotidien, foisonnant en diversité de titres, multipliant les spécialisations, pratiquant des segmentations de plus en plus fines. Très lu, largement internationalisé, il s'associe facilement aux médias audiovisuels et électroniques dans des groupes de communication parfois géants, à l'échelle des AOL Time Warner, Bertelsmann ou Lagardère Media.

Peut-on se résoudre sinon à une disparition, du moins à un reflux significatif du quotidien, soit sous une forme allégée et gratuite, soit sous une forme payante spécialisée ou confinée aux élites ? Ce serait faire l'impasse sur une question tout à fait sensible qui concerne le rapport qu'entretient le quotidien avec la démocratie : expression du pluralisme des opinions, plate-forme et tribune favorisant l'exposition de la diversité et de la pluralité des sociétés contemporaines, étude approfondie de dossiers et enquêtes dans la durée, etc. Le quotidien continue de jouer un rôle tout à fait essentiel, sorte de centre de ressources au cœur du système d'information, où il verra ses scoops, ses édito-riaux, comme ses dossiers, repris par les médias audiovisuels qui leur donneront une audience et un impact démultipliés.

La presse quotidienne française est à un moment crucial de son histoire, où se conjuguent tendances au ralentissement dans les pays industrialisés, et problèmes particuliers au contexte historique, institutionnel et économique français. C'est pour-quoi la démarche présentée ici sera un va-et-vient entre ques-tions plus générales et particularisme national. Le propos s'ouvrira sur l'histoire des quotidiens en France, ses périodes d'innovation, son développement exceptionnel, puis les réponses données à des moments décisifs du pays et du média. Le deuxième volet résumera le cadre juridique qui s'applique aux quotidiens : traitement de l'information, conditions de l'exercice du journalisme, structures de l'entreprise de presse. Le troi-sième volet est une analyse de l'offre telle qu'elle se présente en France au début des années 2000. Un accent particulier sera mis ensuite sur l'économie du média, avant d'en présenter les principaux acteurs. La question de la place et du rôle de l'État ne pouvait pas être ignorée, tant elle interfère sur l'économie des journaux et leurs structures. Enfin, la question essentielle du public, de la pratique du média, sera abordée au travers de ses principaux indicateurs et de l'évocation des études disponibles. La conclusion posera plus particulièrement la question du rôle du quotidien en démocratie et la place occupée en France par la thématique du pluralisme.

I / Repères historiques

Situer les prémices du quotidien n'est pas forcément très aisé :
s'il s'agit des premières relations écrites d'événements importants, il faut alors remonter à l'Antiquité. Moins éloignée de
nous, la pratique des « nouvelles à la main », à destination des
princes et des grands marchands, s'est répandue dès le XIVe siècle
[Albert et Terrou, 1970]. À moins que ce soit l'invention de
l'imprimerie qui fasse franchir un pas décisif en permettant la
reproduction des textes. Celle-ci intervient en 1438, grâce à
Gutenberg. Et, de fait, vont naître alors les premiers « occa-
sionnels » petits cahiers imprimés, de quelques pages, racontant
un événement important. Il y aura aussi ces « canards » qui, eux,
sont publiés à propos d'un crime ou d'une catastrophe, sorte
d'ancêtres de nos faits divers, à partir du XVIe siècle. Mais les crises
et affrontements de la période, notamment à caractère religieux, engendrent une floraison de textes polémiques, souvent
incisifs, les « libelles ». L'idée de publication périodique est également précoce, puisqu'elle intervient d'abord en Allemagne, sous
la forme d'« almanachs », au cours du XVe siècle.

L'imprimé périodique de nouvelles donnera lieu à divers essais
dès 1597, à Augsbourg, puis Anvers, Strabourg, Hambourg, etc.
Il s'agit alors principalement de mensuels. Les premiers hebdomadaires ne verront le jour que près d'un siècle plus tard, soit
en 1631, pour la France, avec *La Gazette* de Renaudot, souvent
abusivement qualifiée de « première publication périodique »
dans nos histoires édifiantes de la presse française.

La Gazette, première publication « officieuse » du royaume de France

Le premier hebdomadaire publié à Paris fut créé par Jean Eptein, en janvier 1631, sous le titre des *Nouvelles ordinaires de divers endroits*. Il sera contraint à être absorbé, quelques mois plus tard, en mai 1631, par *La Gazette*, lancée alors par Théophraste Renaudot. Ce dernier, médecin, gestionnaire de biens du royaume, puis propriétaire d'une boutique d'annonces, proche du cardinal de Richelieu, a obtenu l'autorisation de publier ladite *Gazette* en exclusivité, « à perpétuité ». La publication de Renaudot, qui alliait information, dans un cahier de quelques pages, et annonces commerciales dans un second cahier, rencontrait alors les ambitions d'un Richelieu, qui entendait conduire avec énergie l'unification, la centralisation du pays, tout autant que sa modernisation économique. L'exclusivité concédée se trouvait assortie de conditions de fidélité aux positions officielles, celle-ci étant garantie par l'institution d'un conseil de rédaction constitué de proches du pouvoir. Il ne fut pas rare de voir le cardinal lui-même, voire le roi, tenir la plume dans *La Gazette*, qu'ils signent ou non leurs propos et analyses.

À partir de 1762, *La Gazette* fut purement et simplement appropriée par le pouvoir royal, qui l'annexa au ministère des Affaires étrangères, lui donnant le titre de *Gazette de France*. Elle figure alors jusqu'à la Révolution dans un petit groupe de publications autorisées, officieuses et aidées, aux côtés du *Journal des savants* (spécialisé dans les techniques et découvertes scientifiques) et du *Mercure galant*, également rattaché au ministère des Affaires étrangères. Au fil du XVIIIe siècle, bien des tentatives de lancement de titres ont lieu, franchissant ou non l'épreuve des autorisations. Les textes d'opposition et informations critiques se trouvent cantonnés aux textes, écrits et recopiés à la main, des « nouvellistes », vendus sous le manteau, alors que, progressivement, les idées nouvelles des « Lumières » se diffusent au travers des revues littéraires.

Le Journal de Paris, premier quotidien français

Le premier quotidien à être lancé en France paraît le 1er janvier 1777, à l'initiative de Pierre-Antoine de La Place, sous le titre de *Journal de Paris*. Il ne comprend alors que quatre pages. Son inspiration vient d'outre-Manche où un quotidien, le *Daily Courant*, fait son apparition dès 1702. *Le Journal de Paris* comprend déjà un bulletin météorologique, des renseignements administratifs, une chronique judiciaire, le programme des spectacles, des informations littéraires. Viendront s'y ajouter des faits divers, les cours de la Bourse, des annonces d'objets perdus, etc., et, bien sûr, toutes sortes de nouvelles et indiscrétions. Cependant, la plus grande prudence impose de se garder très à distance des faits et sujets politiques, contrairement aux journaux britanniques, notamment la *Revue*, trihebdomadaire, publiée par Daniel Defoe, entre 1704 et 1713. Pour autant, *Le Journal de Paris* ne pourra éviter les suspensions dès les 23 et 29 janvier, obligeant au départ de son créateur, puis son interdiction en juin 1785, sa reparution n'étant obtenue que grâce au secours et à l'appui de Jean-Baptiste Suard, éditeur reconnu et respecté, directeur de l'officielle *Gazette de France*.

La Révolution, fondement du pluralisme à la française

Dès les premiers frémissements de la Révolution française, les règles et les manières de concevoir le rôle de la presse vont faire débat et conduire à de multiples rebondissements. C'est ainsi que le 4 mai 1789, Mirabeau publie *Le Journal des États généraux*, immédiatement interdit. Cela n'empêche pas une reparution instantanée sous le nouveau titre de *Lettre du comte de Mirabeau à ses commettants*. Très rapidement, une vingtaine d'autres journaux voient le jour, rendant de plus en plus difficile au pouvoir monarchique la répression de la toute nouvelle liberté d'expression. Quelques semaines plus tard, dès son installation le 27 juin, la nouvelle Assemblée nationale décide de faire précéder la future Constitution d'une déclaration des droits, parmi lesquels figurerait en bonne place la liberté de communication [Bellanger, 1969]. Le 24 août, elle adopte l'article 11, de ladite « Déclaration des droits de l'homme et du citoyen », dans les termes suivants : « La libre communication des pensées et des opinions est un des droits les plus précieux de l'homme ; tout citoyen peut donc parler, écrire, imprimer librement, sauf à répondre de l'abus de cette liberté dans les cas déterminés par la loi. » Les bases du pluralisme à la française sont posées, invitant à la publication de nombreux titres, dont les bornes ne seraient que les abus dans l'expression. À aucun moment, il n'est fait référence à une obligation d'équilibre des points de vue publiés, de vérité des faits relatés, pas plus que d'objectivité, selon la conception déjà en vigueur outre-Manche.

De fait, le nombre de quotidiens explose littéralement pour arriver à 218 fin 1789, puis à 387 au terme de l'année suivante [Bellanger, 1969]. Cohabitent des journaux très sérieux, à la manière de *La Gazette nationale*, des feuilles extrêmement radicales et véhémentes, telles que *L'Ami du peuple* ou le *Père Duchesne*. *La Bouche de fer* sera une expérience de publication de points de vue et analyses de tous horizons. Condorcet lui-même y défendra ses opinions [Voyenne, 1979]. Parmi les grandes figures révolutionnaires se trouvent alors des « journalistes », éditeurs de journaux, tels que Brissot, Desmoulins, Hébert, Marat, etc. Chacun s'emploie à diffuser chaque jour ses analyses de la situation, ses idées. Ce qui ne veut pas dire que les journaux donnent à connaître de nombreux faits, événements, récits qui seraient restés cachés jusque-là. Le choc des idées et des positions politiques l'emporte sur toute autre chose [Rétat, 1989]. Le vent nouveau qui souffle alors ne laisse pas indifférents les Français puisque, pour la première fois, la presse va toucher un public de plusieurs centaines de milliers d'acheteurs [Jeanneney, 1996].

Les « Journées de Juillet » et la croyance dans l'influence de la presse

Au terme du formidable essor de la presse, mais aussi des convulsions qu'elle devait connaître durant toute la Révolution, les journaux vont entrer dans une période sombre sous la férule du régime impérial, qui en réduit le nombre, restreint toute velléité d'indépendance, n'hésitant pas à les manipuler. La

Restauration, bien que promettant une plus grande souplesse, se révélera très vite extrêmement autoritaire, multipliant les lois et ordonnances visant à encadrer, contrôler, sanctionner les journaux : déclaration préalable, cautionnement, timbre, censure en seront les principaux. Avec l'arrivée en 1829 du gouvernement Polignac, devait s'ouvrir une période particulièrement autoritaire et instable durant laquelle les condamnations à l'emprisonnement de journalistes furent fréquentes. Elle devait déboucher à la fin juillet 1830 à la décision de publier une série d'ordonnances dont la première, du 26 juillet, suspendait purement et simplement toute liberté de la presse pour instaurer un régime d'autorisation très restrictif, renouvelable chaque trimestre, avec menaces de saisie et mise sous séquestre des journaux et matériels de tout contrevenant.

Les principaux journaux de l'opposition, emmenés par *Le National*, décidèrent de refuser de se soumettre. Quarante-quatre journalistes, appartenant à onze titres différents, signent une « protestation » dénonçant les dispositions liberticides et déclarent que « l'obéissance cesse d'être un devoir » [Bellanger, 1969]. Cinq journaux publient le texte le 27 juillet alors que vont éclater dans les heures suivantes les premières manifestations de l'insurrection populaire. Le 31 juillet, Charles X abdique au profit de Louis-Philippe, qui promet un régime beaucoup plus libéral de la presse. Le pouvoir politique en France gardera la mémoire de cet épisode comme le symbole de l'influence que peut avoir la presse sur le cours des choses [Albert et Terrou, 1970], quitte à lui porter une attention souvent excessive.

L'invention du quotidien populaire

Le 1er février 1863 paraît *Le Petit Journal*. Il est vendu « au numéro » et au prix d'un sou. Son contenu est très accessible et attractif, délibérément apolitique (pour échapper au droit de timbre qui frappe la presse politique durant le Second Empire). Son format n'est que de 43 × 30 cm, soit la moitié de celui des autres quotidiens. Il ne comporte que quatre pages. Son éditeur qui prétend qu'« il faut avoir le courage d'être bête » [Jenneney, 1996] pour gagner le très grand public, vient d'inventer une nouvelle forme de presse pour la France : le « quotidien populaire ». Outre son prix très bas, *Le Petit Journal* mise sur un contenu simple, accessible et attractif : un éditorial marqué du bon sens populaire, des faits divers, le roman-feuilleton, auxquels viendront plus tard s'adjoindre les reportages, livrés eux aussi en feuilletons quotidiens, avec l'obsession de voir le lecteur rester fidèle alors qu'il n'est plus abonné, facilitant ainsi l'achat bon marché au jour le jour, y compris pour les revenus modestes.

Pour réussir son pari économique de vente très bon marché, Moïse Millaud s'appuiera sur chaque innovation technologique, à commencer par la rotative, que met au point pour lui l'ingénieur Marinoni en 1865. Il devient désormais possible d'atteindre des tirages de plusieurs centaines de milliers d'exemplaires, comme au cours de la fameuse « affaire Troppmann » (du nom de l'assassin d'une famille de huit personnes, qui défraya la chronique en 1869 et 1870), le maximum de 594 000 étant atteint le jour de l'exécution de l'« ennemi public ». À partir des années 1890 interviendra la mécanisation de la composition avec la linotype, de même qu'une meilleure maîtrise de l'illustration, etc. *Le Petit Journal* bénéficie de l'apport nécessaire de la publicité qu'avait amorcé Émile de Girardin avec *La Presse* dès 1836, mettant au profit du journal le développement économique général et plus particulièrement manufacturier.

Le Petit Journal sera rejoint dans cette catégorie des journaux « millionnaires » (par le tirage) successivement par *Le Petit Parisien* (1876), *Le Matin* (1883), *Le Journal* (1892) dont l'apogée coïncidera avec la Première Guerre mondiale — le 12 novembre 1918, *Le Petit Parisien* atteindra le tirage record de 3 031 000 exemplaires — avant d'amorcer un lent déclin. Il faudra attendre 1930 pour qu'apparaisse une nouvelle formule de populaire, beaucoup plus illustré, pratiquant les gros titres à la « une », le *Paris Soir* de Jean Prouvost, qui atteindra les 2 millions d'exemplaires en 1940. Entre-temps, il faut signaler l'inventivité qu'avait manifestée *Le Petit Parisien*, sous l'impulsion de Jean Dupuy qui, tout en restant toujours très modéré politiquement, avait su développer le sport (y compris les courses de vélo, raids automobiles, etc.), les grandes aventures technologiques et les mythiques défis aériens, le cinéma, les jeux, etc. [Dupuy, 1989].

Juillet 1881 et le vote de la loi sur la liberté de la presse

Le Second Empire s'était ouvert sur un nouvel épisode de restriction très brutal de la liberté de la presse. Il devait progressivement s'assouplir, mais en maintenant une pression financière sur la presse politique (avec le « droit de timbre ») qui en excluait les lecteurs les moins fortunés. L'instauration de la IIIe République qui s'annonçait pleine de promesse ne fut pas sans périls, puisqu'il ne fallut pas moins de dix années pour que fût votée la loi de juillet 1881. Celle-ci affirmait le principe de liberté pour l'écrit, même si celui-ci était assorti de dispositions restrictives, visant à protéger les individus (diffamation, etc.), mais aussi souvent les institutions et les représentants du pouvoir (tel le président de la République) d'éventuels excès des journaux. Cinq années de débats parlementaires, travaux en commission, mais aussi de pressions fortes sur les journaux (émaillées de milliers de procès de presse lors de la crise de mai 1877) avaient été nécessaires pour en arriver là [Albert et Terrou, 1970].

La nouvelle loi permet enfin que s'installent une diversité et un pluralisme des journaux, avec la création et la pérennisation de nombreux titres d'opinion (politique, philosophique ou religieuse). Les grands journaux généralistes peuvent baisser leur prix et toucher davantage de lecteurs. Quant à la presse populaire, elle peut enfin intégrer normalement les questions politiques dans ses pages. Le développement industriel et l'affairisme des milieux financiers donneront un élan décisif à la publicité, qui n'ira pas sans dérives, telles que les fameux scandales de Panama ou des « emprunts russes ». La pagination progresse, les quotidiens populaires proposant désormais leur « supplément illustré ». Près de quatre-vingts quotidiens généralistes seront publiés à Paris, à la veille de la Première Guerre mondiale. Le tirage de ceux-ci va des quelques dizaines de *L'Estafette* ou du *Petit National*, au million et demi du *Petit Parisien* en passant par les 140 000 de *La Croix* ou les 37 000 du *Figaro* [Bellanger, 1972].

La cassure des deux guerres mondiales

Trente-trois ans d'un régime de liberté de la presse se sont écoulés lorsque s'engagent les hostilités, le 2 août 1914. Il ne faudra que quelques heures pour que l'ensemble des garanties reconnues aux rédactions soient suspendues par l'institution de l'« état de siège ». Les informations sur les questions militaires et les combats étaient strictement encadrées. L'accès aux zones de combats, aux tranchées plus particulièrement, sera interdit jusqu'à l'automne 1917. La censure était rétablie, assurée par un « bureau de presse » situé au ministère de la Défense. Elle sera d'autant plus lourde dans ses coupes lorsque Philippe Pétain dirigera les armées, défendant alors le principe selon lequel il revenait aux autorités de « donner une orientation à la presse ». Loin de s'opposer à cet état de fait, l'Assemblée de la presse parisienne, réunissant les propriétaires de journaux, vote une déclaration acceptant les mesures de limitation, invitant leurs rédactions à prendre leur part dans l'« élan national ».

Avec le temps, le poids de cette censure allait faire l'objet d'un vif débat parlementaire où s'illustrera Georges Clemenceau, qui, en tant que journaliste et éditeur, avait vu son *Homme libre* interdit en février 1916. Une publication, *Le Canard enchaîné*, avait fait son apparition pour contester les dérives de la propagande combinées au zèle de la censure, caricaturée sous les traits d'« Anastasie » [Almeida et Delporte, 2003]. Il n'empêche que la propagande gouvernementale et surtout du commandement militaire s'était largement substituée à l'information dans les colonnes des journaux. Des officiers supérieurs s'étaient vu confier les colonnes des journaux pour faire le point sur les combats de la veille. Les communiqués militaires étaient immédiatement publiés, grossissant les hauts faits ou la manœuvre de l'armée française, cachant les souffrances du « poilu » ou de graves revers, comme le franchissement de la frontière dès 1914. Loin d'être en reste, les journaux eux-mêmes vont adopter un ton très cocardier, d'un extrême chauvinisme, aux accents difficilement compréhensibles pour un lecteur d'aujourd'hui tant ils sont excessifs et brutaux.

Les conséquences de ces excès de la propagande assumée ou subie par les journaux, selon les cas et les moments, pourraient bien être le principal dommage dont aura à souffrir la presse pour l'avenir, tant va s'introduire un doute et même une défiance à son égard de la part des lecteurs. Le thème du « bourrage de crâne » sera alors très répandu, atteignant toutes les formes de presse. Les conséquences d'un tel divorce seront peut-être d'autant plus profondes qu'il va être prolongé par l'attitude de plus en plus partisane, parfois violemment antigauche, que vont adopter les grands quotidiens populaires, y compris *Le Petit Parisien*, beaucoup moins équilibré dans son traitement de l'actualité après la mort de Jean Dupuy. La crise de confiance rebondira sous l'impact de scandales tels que la fameuse affaire Stavisky, lorsqu'il ne s'agira pas des prises de contrôle de journaux par les « puissances d'argent », qu'il s'agisse du parfumeur François Coty, admirateur de Mussolini, ou encore des « maîtres des forges » à la tête du *Temps* [Jeanneney, 1984].

L'impact de la crise de confiance sera sans doute d'autant plus grave pour les quotidiens populaires qu'elle va se doubler d'une forme d'abandon des règles d'or qui avaient permis leur création et leur formidable développement, à savoir la bataille sur les prix les plus bas possible, assortie d'une grande disponibilité liée à des méthodes de vente très actives, telles que la criée. Confrontés à la pénurie de papier, de personnels, bien souvent aussi de machines opérationnelles, les éditeurs vont s'accorder tout au long de la guerre sur l'abandon de la concurrence : les prix sont communs, alors que les journaux sont vendus ensemble et dans les mêmes conditions. Sous la pression de l'inflation et des différentes pénuries, les prix des journaux s'envolent dangereusement, alors que leur pagination est revenue à des niveaux très modestes. Au lendemain de la guerre, ces accords sur les conditions de vente et tout particulièrement de prix vont perdurer. Les quotidiens populaires seront donc vendus au même prix, subissant l'inflation des moins performants, devenant de moins en moins accessibles aux milieux les plus modestes.

La Seconde Guerre mondiale et l'occupation viendront en quelque sorte confirmer et amplifier la cassure entre les Français et leurs journaux. Après le retour au régime des restrictions des libertés, propre à l'état de guerre, l'effondrement du pays auquel vont succéder l'occupation et la collaboration contraint les journaux à choisir entre se saborder ou se faire les agents de la propagande de l'occupant (ou du régime collaborationniste de Vichy en zone sud). La perte de crédibilité sera alors totale, la diffusion des principaux journaux s'effondrant littéralement : les ventes du *Petit Parisien* passent de 1 million à 451 000 exemplaires entre 1940 à 1944 ; pour *Paris Soir*, le recul est de 1 150 000 à 286 000 exemplaires. Là encore, aux facteurs de contenu, essentiels, vont s'ajouter des facteurs techniques (les journaux ne sont pas toujours disponibles) et économiques puisque les prix montent sans cesse, passant en quatre ans de 0,75 franc à 2 francs. Le tout débouchant pour la grande majorité des journaux sur l'interdiction de leur titre au moment de la Libération, introduisant une césure radicale entre les journaux d'avant et d'après la Libération, avec toutes les pertes d'habitudes et de repères qui y sont liées pour les lecteurs.

La presse de la Libération

L'ampleur des compromissions des quotidiens qui continuent de paraître durant l'occupation devait logiquement nourrir les réflexions et les discussions, tant au sein des mouvements de résistance qu'à Londres. Dans les faits, les analyses visant à réformer le système de presse français intégreront largement la critique des dérives de la presse de l'entre-deux-guerres et ce qui sera alors qualifié de « poids des puissances d'argent », qu'il s'agisse des riches familles propriétaires concentrant nombre de journaux ou qu'il soit question de l'incursion des milieux d'affaires ou de l'industrie dans les journaux pour y diffuser leurs thèses. Deux principes vont guider les réformes : garantir le pluralisme des journaux, protéger l'indépendance des rédactions. Dans les faits, ceux-ci seront mis en œuvre par l'adoption d'une série d'ordonnances (dès mai 1944) et par la création de structures *ad hoc*, rattachées à l'État ou mutualistes, sur lesquelles les nouveaux journaux allaient pouvoir s'appuyer. La première de ces ordonnances sera celle qui opérera la césure complète entre la presse de l'avant et de l'après-Libération, puisque celle-ci interdit la publication de tous les journaux qui se sont compromis dans la collaboration, excluant leurs propriétaires de la possibilité d'en éditer de nouveaux.

Une autre ordonnance définissait les critères qui allaient guider les commissaires de la République, puis le ministre de l'Intérieur pour autoriser la publication des nouveaux titres, dès la libération du territoire national : les journaux qui avaient fait le choix de se saborder (*Le Figaro*, *Le Républicain lorrain*, etc.), les journaux clandestins (*Combat*, *Libération*, etc.), les titres créés par des mouvements de résistance (*L'Union de Reims*, etc.), les titres créés par des résistants (*Sud Ouest*, etc.), les journaux lancés par des personnalités non compromises (*Le Monde*, etc.). Les critères étaient donc exclusivement politiques, sans considération de compétence ou de fortune des bénéficiaires. L'État devait pourvoir par son aide à la viabilité desdits journaux. Dans leur élan, les commissaires de la République iront sans doute trop loin, conduisant à une atomisation de cette presse quotidienne et à la disparition rapide de nombre de titres (lors des grèves de 1946 et 1947 qui affecteront la fabrication) : en 1945, 179 titres sont autorisés dont 26 nationaux, l'année suivante, le chiffre monte même à 203, dont 28 nationaux.

Affirmant leur volonté de définir un nouveau statut pour l'entreprise de presse, les nouvelles autorités politiques vont prendre une autre série d'ordonnances visant d'un côté à garantir la transparence des journaux — ceux-ci doivent être des « maisons de verre » où le directeur de la publication doit être le propriétaire ou le président du conseil d'administration, avec actions nominatives et publications annuelles des comptes, etc. ; et de l'autre à interdire toute forme de concentration (principe de « un homme-un journal », interdiction de cumuler avec la direction d'une agence d'information, une agence de publicité, une activité commerciale ou industrielle, etc.). Une ordonnance limitait également de manière drastique les possibilités d'investir pour une entreprise étrangère (limitée à 20 % du capital).

Il revenait à l'État de compenser le handicap apporté à la viabilité économique. Celui-ci mettait en place un ensemble d'« entreprises connexes », dont la première, la SNEP (Société nationale des entreprises de presse), fournissait aux journaux des locaux, du matériel et du personnel de fabrication. Une partie des coûts rédactionnels se trouvait allégée par l'apport de l'AFP (Agence France-Presse), agence d'information, entreprise publique, jusqu'au vote de la loi de 1957, modifiant son statut.

La SPPP (Société professionnelle des papiers de presse) fournissait le papier garantissant la péréquation des tarifs afin de ne pas pénaliser les plus petits, comme les plus difficiles à approvisionner. Les Messageries françaises de presse, coopérative, assuraient la distribution et la vente des journaux, jusqu'à leur faillite dès 1947 et l'adoption d'un nouveau dispositif défini par la loi Bichet. Havas, agence et régie publicitaire, était également nationalisée. Pour l'ensemble de ces entreprises, outre la garantie d'égalité de traitement entre tous les titres, l'État pouvait également ne pas répercuter la totalité des coûts réels. En outre, l'État mettait en place ou renforçait le système des aides à la presse, à commencer par une substantielle aide postale, la diminution des tarifs des télécommunications, comme du chemin de fer (pour le transport des journaux), etc. Le ministre des Finances fixait lui-même le prix unique des journaux.

Plusieurs projets de loi sur le statut de l'entreprise de presse furent déposés devant l'Assemblée nationale jusqu'à 1957, sans qu'aucun ne soit adopté. À partir de 1958, l'hostilité du général de Gaulle à un tel dispositif législatif fit qu'il n'en fut plus question. Les ordonnances, bien que toujours en vigueur, ne furent plus qu'une vague référence qui n'empêchait plus aux uns de racheter des journaux (tel Hachette pour *France Soir*) ou aux autres de regrouper de plus en plus de titres (*Sud Ouest*, *La Dépêche du Midi*, *Le Progrès de Lyon*, et bien sûr Robert Hersant). Ce n'est que face au poids considérable pris par le groupe de Robert Hersant que devait enfin être votée, par la gauche, une loi sur la presse en 1984, rapidement modifiée en 1986, avec le changement de majorité politique. Le principe de transparence se trouvait confirmé, comme la limitation des capitaux étrangers, alors que la notion de concentration était abordée sous la forme d'un seuil de diffusion à ne pas dépasser.

Les premiers signes de la crise des quotidiens

Le début des années 1980 est marqué par la multiplication des signaux d'alarme pour les quotidiens français. En 1980, *Le Figaro* et *Les Échos* sont les seuls quotidiens nationaux à ne pas être déficitaires. Certains régionaux sont également lourdement déséquilibrés, *Le Progrès de Lyon* a perdu 20 millions de francs, alors que pour le *Dauphiné libéré* la barre des 50 millions a été franchie. Loin de s'améliorer, la situation va souvent encore se dégrader dans les années suivantes : *Le Monde* par exemple perd 110 millions de francs entre 1982 et 1984. Il s'agit là de la traduction mécanique du recul de la diffusion qui s'est particulièrement manifesté au cours de la seconde moitié des années 1970 : de 1975 à 1980, *Le Figaro* a perdu 70 000 exemplaires. *Le Parisien libéré* a de son côté perdu la moitié de sa diffusion (plus de 300 000 exemplaires) lors du conflit qui devait l'affecter de 1975 à 1977. Pour *France Soir*, le recul est de 200 000 exemplaires (sachant que sa diffusion n'atteint plus que 433 000 exemplaires alors qu'elle avait été de 1 115 000 exemplaires en 1960). En 1980, le tirage global des nationaux passe sous la barre des 3 millions, alors que dix ans plus tôt, il était à 4,2 millions. Les régionaux ont également perdu 1 million d'exemplaires, mais vis-à-vis d'un volume plus important puisqu'ils dépassent encore 10 millions. Les Français ne sont plus que 175 pour 1 000 à acheter un quotidien, alors qu'ils étaient 360 en 1946.

Parmi les signaux d'alerte, il faut bien sûr signaler la disparition de titres, qui affecte particulièrement les quotidiens populaires (*Paris Jour* en 1972, puis *L'Aurore* en 1980), ainsi que les quotidiens d'opinion (*Combat* en 1974). Parmi les facteurs de dégradation, il faut insister sur la dérive des prix que connaissent alors les quotidiens : de 1970 à 1984, le prix des journaux a été multiplié par quatre. Comparé à l'évolution de l'indice des prix moyens, si l'on part d'une base 100 pour 1970, l'indice des prix moyens est arrivé à 420, alors que celui des quotidiens est, lui, à 835,9 ! Toutefois, si le problème du prix affecte lourdement les journaux, il semble bien que ce soit surtout sur la question du contenu que les quotidiens nationaux ont particulièrement vieilli. Leur contenu, leur présentation, leur écriture ont peu évolué depuis les années 1960, alors que la société française s'est profondément transformée : elle est enfin sortie des guerres coloniales après 1962, les institutions politiques se sont stabilisées avec l'instauration de la Ve République, l'économie a décollé, permettant d'apporter un substantiel progrès social marqué par l'envol de la consommation, la croissance des loisirs, etc. Les quotidiens en ont très peu tenu compte. Le phénomène est particulièrement sensible pour les quotidiens populaires, qui sont plutôt portés à voir dans leur déclin l'influence de la télévision. En fin de semaine, les journaux proposent des éditions réduites en pagination, là où leurs homologues européens proposent au contraire des éditions enrichies, y compris de suppléments. Ce faisant, les quotidiens français offrent une formidable opportunité aux magazines, notamment « news » et féminins, qui deviennent alors leurs principaux concurrents.

Naissance des « gratuits »

Le 18 février 2002 était distribué, pour la première fois à Paris, *Metro*, un quotidien gratuit. Quelques semaines plus tard, il fera également son apparition à Marseille, après qu'un gratuit — *Marseille Plus* — a été lancé par l'éditeur régional de *La Provence* pour tenter de précéder l'arrivée de ce nouveau concurrent. Le 15 mars, c'était au tour de *20 Minutes* d'être proposé sur tout le réseau SNCF de la région parisienne, simplement déposé dans des présentoirs *ad hoc*, les « racks ». En quelques semaines, ce ne sont pas moins de 800 000 exemplaires de quotidiens qui sont ainsi mis à la disposition des Franciliens. La France est loin d'être en pointe dans ce domaine, puisque le groupe Metro International, dont le siège est en Suède, a lancé son premier gratuit dès 1995. Il propose maintenant dans le monde vingt-cinq éditions différentes, pour une diffusion estimée à un peu plus de 12 millions d'exemplaires. *20 Minutes* de son côté est lancé à l'initiative d'un éditeur norvégien, allié pour la circonstance avec le groupe Ouest France. Il est également diffusé dans plusieurs pays européens.

Les réactions à ces lancements seront aussi vives du côté des éditeurs, qui vont violemment critiquer cette menace pour leurs titres payants, que du côté des ouvriers du livre. Ces derniers, emmenés par leur syndicat, vont s'employer à perturber la distribution de *Metro*, jetant à terre les paquets de journaux. Cette forme d'action suscitera plutôt l'incompréhension du public, notamment des plus jeunes, qui fait bon accueil à cette nouvelle forme de publication. Un compromis sera finalement trouvé, moyennant un aménagement des conditions de fabrication des nouveaux titres. Les annonceurs, de qui dépend la survie de cette forme de presse, seront d'abord assez réservés, inquiets des perturbations dans la distribution, s'interrogeant sur l'accueil du public. Ils réviseront cependant assez rapidement leur analyse au regard des performances de lecture enregistrées, tant à Paris que dans les différentes métropoles régionales où les gratuits sont progressivement proposés.

L'installation des gratuits vient modifier largement la situation de la presse quotidienne française. Ils renvoient d'abord au magasin des idées fausses l'affirmation très répandue selon laquelle les Français ne seraient pas lecteurs de quotidiens. Ce sont en effet près de trois millions de personnes qui lisent un gratuit régulièrement. Ils transforment profondément les conditions de développement de la presse populaire, constituant une concurrence redoutable pour les titres payants, *Le Parisien-Aujourd'hui* et *France Soir*. Ils accélèrent également la remise en cause nécessaire des conditions de lecture des grands quotidiens régionaux, dans chacune des villes métropoles de leurs zones de diffusion, à commencer par des villes comme Marseille, Lyon, Lille.

II / Le cadre juridique

La loi du 29 juillet 1881 « sur la liberté de la presse »

La loi du 29 juillet 1881 reste le cœur du dispositif juridique s'appliquant à la presse écrite. Elle comporte trois volets : le principe de la liberté, la nature de la responsabilité et le type de procédure s'appliquant en cas de délit. Pour ce qui est du principe de liberté, l'article 1er stipule : « L'imprimerie et la librairie sont libres. » L'article 5 précise que « tout journal ou écrit périodique peut être publié sans autorisation préalable et sans dépôt de cautionnement ». Se trouve ainsi institué pour toute publication un régime dit de « simple déclaration » (article 7), selon lequel il suffit de signaler la création de tout nouveau journal auprès du parquet du procureur de la République, en y faisant figurer le nom du « gérant », ainsi que son adresse. Sur ce point, la loi de 1881 est modifiée par l'ordonnance du 26 août 1944 qui institue la notion de « directeur de la publication », qui ne saurait être un simple gérant, puisqu'il doit être le propriétaire du journal, le président du conseil d'administration s'il s'agit d'une société par actions, ou le président de l'association lorsque le journal est la propriété d'une association. Il s'agissait alors de s'assurer qu'en cas de poursuites, celles-ci s'exerceraient à l'encontre du véritable responsable du journal et non d'un simple « prête-nom » ou « homme de paille », derrière lequel le propriétaire se serait abrité en lui donnant le statut de gérant.

La loi de juillet 1881 supprime toute notion de délit d'opinion, qui a prévalu durant plusieurs siècles, ne retenant que des délits de droit commun pour lesquels s'applique la responsabilité pénale et civile du directeur de la publication. Concernant la mise en œuvre de cette responsabilité, l'article 42 institue un système de « responsabilité en cascade » qui permet de s'assurer qu'il y aura toujours « possibilité de poursuivre et condamner les auteurs d'infractions ». Le principe de la responsabilité en cascade consiste, lorsque l'auteur principal n'est pas identifiable ou atteignable, à transférer les poursuites sur un autre maillon de la chaîne de publication ou diffusion d'un écrit, jusqu'au simple diffuseur ou afficheur, si nécessaire : « Seront passibles, comme auteurs principaux, des peines qui constituent les répressions des crimes et délits commis par voie de presse [...] dans l'ordre ci-après, savoir : 1er les directeurs de publication ou éditeurs [...] ; 2e à leur défaut, les auteurs ; 3e à défaut des auteurs, les imprimeurs ; 4e à défaut des imprimeurs, les vendeurs, les distributeurs et afficheurs » [Derieux, 1995].

Les « auteurs-responsables » des écrits poursuivis se voient appliquer un « système privilégié » de poursuite et de procédure. En premier lieu, l'article 65 fixe un délai de prescription très court — trois mois — après la publication ou le terme de l'instruction. De leur côté, les articles 50 et 53 exigent que celui qui prend la responsabilité des poursuites qualifie très précisément l'infraction et indique le texte de la loi applicable, faute de quoi la procédure sera frappée de nullité. Enfin, l'article 63 interdit l'aggravation des peines en cas de récidive, ainsi que le cumul des peines. Aussi « protectrice » soit-elle pour la liberté de la presse, la loi de 1881 n'ouvre pas moins la possibilité de nombreuses poursuites, correspondant à des abus, fixant pour les victimes la nature des réparations auxquelles elles peuvent prétendre, à commencer par le « droit de réponse » pour toute personne mise en cause (article 13) ou le « droit de rectification » (article 12) pour tout « dépositaire ou agent de l'autorité publique [...] au sujet des actes de sa fonction qui auront été inexactement rapportés ».

Les limites à la liberté d'expression

Le principe de la liberté de la presse, tel qu'il est défini par la loi de juillet 1881, n'interdit pas un encadrement juridique de celle-ci, ne serait-ce que pour s'opposer aux abus de celle-ci, lorsqu'ils contreviennent à d'autres droits individuels ou collectifs. Dès l'origine de la loi, des dispositions limitatives figuraient dans le texte, notamment l'article 29, relatif à la diffamation et à l'injure. Divers ajouts ou amendements à la loi interviendront par la suite. Enfin, des dispositions diverses relatives à la protection de la vie privée, la protection de la jeunesse, l'information sur les crimes et délits et leur traitement par la justice, etc., s'ajouteront à cet encadrement juridique du travail des quotidiens. Loin d'être anodines, certaines des caractéristiques du droit de la presse peuvent être invoquées dans l'interprétation de la faiblesse de formes de presse, tels les quotidiens populaires.

Diffamation, injure

La diffamation comme l'injure s'appliquent à des propos publiés qui ont porté atteinte « à l'honneur et à la considération » d'une personne, d'un groupe, d'une institution. Dans le cas de la diffamation, cette atteinte est constituée de l'« allégation ou imputation d'un fait ». Dans le cas de l'injure, c'est le caractère outrageant d'une expression, des termes de mépris ou invectives qui constituent cette atteinte, sans qu'il soit fait allusion à aucun fait particulier. La diffamation comme l'injure se déclinent en diverses catégories selon les caractéristiques du groupe, de l'institution ou des personnes concernées : allant de la diffamation ou de l'injure envers les cours, les tribunaux, les armées, etc., pour finir par les particuliers. Dans le cas de la diffamation, la défense du quotidien doit faire l'apport de la preuve de la vérité du fait diffamatoire. Cependant, l'apport de preuve n'est pas accepté pour des faits relatifs à la vie privée de la personne, des faits remontant à plus de dix ans, des « faits amnistiés ou prescrits ». Reste alors la possibilité d'invoquer la « bonne foi », admise par la jurisprudence, qui implique de montrer que le journal a agi avec prudence et modération, sans animosité, avec un souci d'équilibre, etc.

Bien que relevant du pénal, les plaintes pour diffamation ou injures n'émanent que des personnes ou institutions s'estimant victimes de ces atteintes, le parquet s'abstenant de toute intervention dans ce domaine. Il est à noter que bien que la diffamation n'ait pas de lien avec le traitement des questions de justice, ce type de plaintes a particulièrement prospéré face au développement des affaires dites « politico-financières » dans plusieurs quotidiens nationaux, principalement à partir du milieu des années 1980. Une telle pratique peut s'assimiler à une sorte de contre-feu pour les personnes citées dans ces affaires, le recours à la plainte pour diffamation étant facilité par le fait que l'offre de preuve est rendue particulièrement difficile par l'application des textes sur le secret de l'instruction. L'impact de cette pratique de la plainte en diffamation s'avère d'autant plus dissuasif lorsqu'il concerne des journaux à l'économie aussi fragile que certains de nos quotidiens nationaux.

La protection de la vie privée

La loi du 17 juillet 1970 protège la vie privée des personnes. C'est ainsi qu'elle crée un article 9 du code civil qui affirme le « droit au respect de la vie privée » et précise qu'en cas de plainte le juge peut prescrire des mesures telles que le séquestre, la saisie, etc. pour empêcher ou faire cesser de telles atteintes, y compris en agissant « en référé » s'il y a urgence. La même loi modifie plusieurs articles du code pénal en interdisant de « porter atteinte à l'intimité de la vie d'autrui » en punissant l'écoute, l'enregistrement et la transmission des paroles ou de l'image de toute personne se trouvant dans un lieu privé, sans l'accord de celle-ci. La loi précise que cet accord doit être obtenu pour toute nouvelle publication de la même photographie. Le recours à toute forme de montage concernant les photographies impose le consentement des personnes concernées, de même que l'information du public sur celui-ci. En pratique, une tolérance s'exerce pour des photographies prises dans la rue ou dans des manifestations publiques. Il en va de même lors de réunions publiques, lorsque les photographies ont été prises au vu et au su de tous, le consentement étant présumé. Dans les faits, le recours par les personnes de ce « droit à l'image » se fait dans la majorité des cas par la voie civile.

Sans présumer de considérations importantes, mais non démontrées, concernant une éventuelle réprobation du public lui-même à l'égard de publications qui ne respecteraient pas l'intimité des personnes, l'existence d'un tel arsenal juridique sur la protection de la vie privée est fréquemment invoquée pour expliquer la modération des quotidiens populaires dans ce domaine. Il est en effet incontestable que l'adoption d'une orientation rédactionnelle, telle que celle qui prévaut dans les tabloïds britanniques ou dans la « presse de caniveau » allemande se heurterait à de multiples poursuites et condamnations, voire des saisies, pour des quotidiens français qui s'aventureraient dans cette voie. Faut-il y voir l'une des explications du déclin des quotidiens populaires français contraints de respecter l'intimité des personnes publiques, et de se priver ainsi de l'intérêt d'un certain public pour les scandales, d'autant que cela se double de limitations pour le spectacle du sang, découlant de la législation concernant l'information sur les crimes et délits ?

Le traitement des crimes et délits

Au premier chef, la tournure prise dans la présentation de crimes ou délits doit éviter de paraître incitative ou élogieuse à l'égard de ses auteurs puisque les articles 23 et 24 de la loi de 1881 condamnent les provocations et apologies de crimes et délits. Plus contraignant, l'article 38, alinéa 3 interdit la publication de photos, dessins ou gravures représentant « tout ou partie des circonstances » de crimes et délits. Quant à l'article suivant, il interdit de publier les noms ou des informations permettant d'identifier les victimes de viols ou d'attentats à la pudeur, sauf autorisation de celles-ci. Dans un registre assez proche, les textes concernant les mineurs interdisent la publication de comptes rendus des débats des juridictions de mineurs (ordonnance du 2 février 1945), tout comme la référence aux noms des mineurs victimes ou auteurs de crimes et délits.

Un second grand registre d'encadrement du travail des quotidiens a trait à la procédure judiciaire proprement dite. Sur ce plan, l'information est largement contrainte par l'article 11 du code de procédure pénale concernant le « secret de l'enquête et de l'instruction ». Un secret qui est partiel puisque les journaux peuvent reproduire les propos des témoins, des victimes, des personnes mises en cause, des avocats des différentes parties, mais ne peuvent s'adresser ni aux enquêteurs, ni aux experts, ni aux magistrats, à l'exception du procureur de la République qui, depuis la loi du 15 juin 2000, a le loisir de s'adresser à la presse pour exposer les faits. La publication de pièces du dossier (extraits de procès-verbaux d'auditions, photos de pièces à conviction, etc.) est interdite, exposant le journal à des poursuites pour complicité ou « recel de viol du secret ». Le strict respect des textes interdit même la publication de l'acte d'accusation ou de toute autre pièce du dossier avant leur lecture à l'audience. À ces dispositions s'ajoutent deux textes (les lois du 4 janvier 1993 et du 15 juin 2000) touchant à la présomption d'innocence, celle-ci ayant pour objet d'empêcher la presse de faire peser une suspicion de culpabilité sur toute personne entendue comme témoin, mise en examen ou simplement citée dans le dossier. La loi de juin 2000 s'attache notamment à réprimer les représentations visuelles qui porteraient atteinte à la dignité des personnes ou à leur présomption d'innocence, à commencer par les photos de personnes menottées.

Le statut de l'entreprise de presse

Le statut de l'entreprise de presse écrite est fixé par la loi du 1er août 1986. Celle-ci modifiait la loi du 23 octobre 1984 qui s'était employée à faire entrer dans le cadre législatif le dispositif fragile et largement inappliqué de l'ordonnance du 26 août 1946. Elle reprenait les principaux principes de celle-ci — transparence, indépendance et pluralisme — en les assouplissant bien souvent de manière substantielle. L'article 1er définit d'abord la « publication de presse » de la manière suivante : « Désigne tout service utilisant un mode écrit de diffusion de la pensée mis à la disposition du public en général ou de catégories de publics et paraissant à intervalles réguliers. » Les entreprises publiant toute forme de ces publications se voient appliquer les principes dits de transparence et d'indépendance. Le principe de pluralisme, prenant en compte la question de la concentration, ne concerne que les publications quotidiennes d'information politique et générale.

Le principe de la transparence est conçu comme la garantie de l'indépendance et du pluralisme, en même temps qu'il doit permettre à tout lecteur de connaître précisément qui l'informe. Pour ce faire, chaque numéro d'une publication doit faire figurer dans ses pages, dans une partie spécifique qualifiée d'« ours », le nom du directeur de la publication, des principaux responsables, du ou des propriétaires (ou principaux actionnaires), de l'imprimeur, ainsi que des principaux rédacteurs (article 5). L'article 6 de la loi impose également l'insertion dans le journal des informations relatives à des cessions de parts du capital, comme tout éventuel transfert de propriété ou d'exploitation de la publication.

L'indépendance de la publication est d'abord garantie à l'égard d'intérêts étrangers. L'article 8 interdit à une entreprise éditrice de percevoir « directement ou indirectement des fonds ou avantages d'un gouvernement étranger ». L'article 7, quant à lui, limite la participation d'investisseurs étrangers (hors Communauté européenne depuis 1992) à 20 % du « capital social ou des droits de vote d'une entreprise éditant une publication en langue française ». Il est à remarquer que, sur ce point, la loi de 1986 rétablit une règle commune aux quotidiens et aux autres formes de publications (magazines notamment) qui jusque-là n'étaient pas concernées par cette disposition. L'indépendance doit également être garantie à l'égard de toute forme de financement occulte de l'information. L'article 10 interdit de « recevoir ou de se faire promettre une somme d'argent, ou tout autre avantage, aux fins de travestir en information de la publicité financière ». Cela implique par conséquent que « tout article à présentation rédactionnelle doit être précédé de la mention "publicité" ou "communiqué" » [Derieux, 1995].

Les limites à la concentration

Dans la conception française de la liberté de l'information, le pluralisme est garanti par un ensemble de dispositions visant à limiter la concentration. Celles-ci ont très sensiblement évolué depuis l'ordonnance du 26 août 1946, qui s'employait à respecter le principe « un homme-un journal ». Le directeur de la publication ne pouvait diriger et être propriétaire de plus d'un titre, comme il ne pouvait pas cumuler cette fonction avec celle de directeur d'une agence d'information, d'une agence de publicité ou d'une entreprise industrielle. La loi du 23 octobre 1984 assouplissait déjà ces contraintes en faisant appel à une notion de seuil de diffusion maximum pour une même entreprise ou un même groupe de presse. Celui-ci était limité à 15 % de la diffusion pour une catégorie de quotidiens (en distinguant national, régional ou le cumul des deux, le seuil étant alors de 10 % de la diffusion totale). L'article 11 de la loi du 1er août 1986 remonte ce seuil sensible à 30 % de la diffusion de publications quotidiennes d'information politique et générale de même nature.

Une seconde disposition anticoncentration allait être introduite dans la loi du 30 novembre 1986 sur la communication audiovisuelle. Il s'agit de l'article 41.1, qui introduit la règle de « deux situations sur quatre », c'est-à-dire qu'une même entreprise ne peut cumuler plus de deux situations parmi les quatre médias que sont le quotidien, la télévision hertzienne, la radio et la télévision par câble. Cette situation dans la presse quotidienne est prise en compte pour toute entreprise dont la diffusion représente 20 % de la diffusion totale, soit un niveau déjà élevé de concentration dans le média quotidien.

L'organisation de la distribution

La conception du pluralisme qui prévalait au lendemain de la Seconde Guerre mondiale devait conduire à légiférer pour empêcher que se reconstitue un quelconque monopole privé (comme l'avait été celui des messageries Hachette), qui pouvait conduire à discriminer ou pénaliser certains titres. La question était d'autant plus sensible pour les quotidiens que leur diffusion passait largement plus par la vente au numéro que par l'abonnement. Aujourd'hui encore, le chiffre d'affaires de la vente au numéro est exactement le double des recettes par abonnement (1 340 millions d'euros contre 666 en 2003). À la Libération, un système coopératif était installé (ordonnance du 30 septembre 1944), les Messageries françaises de presse. Ces dernières, au personnel pléthorique et mal gérées, allaient très rapidement faire faillite (au terme de la grève des ouvriers du livre de février-mars 1947), obligeant le législateur à définir un *nouveau* cadre, ce qu'il fit le 2 avril 1947, en adoptant le texte de loi proposé par Robert Bichet. Celui-ci entendait garantir les principes de la Libération de liberté-égalité-neutralité du système de distribution en s'appuyant sur un mariage insolite de coopératives et d'entreprises commerciales.

L'article 1er de la loi sur le « statut des entreprises de groupage et de distribution de journaux et publications périodiques » [Derieux, 2003] réaffirme le principe de la liberté de la presse et établit un lien direct avec la liberté de distribution. Il admet que chaque éditeur puisse se distribuer lui-même (ce qui vaut essentiellement pour la presse locale). L'article 2 précise que, dans tous les autres cas, le groupage et la distribution (l'activité de messagerie de presse) seront assurés par des sociétés coopératives. Le choix du statut coopératif est alors conçu comme la meilleure garantie de l'égalité de traitement, aux meilleures conditions, sans risque de discrimination. Les sociétaires desdites coopératives (article 5) sont les uniques bénéficiaires de leurs prestations, concrétisées dans un « contrat de diffusion ». Autant de titres permettent de prendre autant de parts du capital social d'une coopérative. En revanche, chaque sociétaire ne dispose que d'une voix en assemblée générale, cette dernière approuvant le barème des tarifs de messagerie (le « coût de distribution des messageries »).

La loi précise que tout journal qui offrira de conclure un contrat de distribution à une coopérative devra être admis à celle-ci. Sont interdites toutes formes de refus liées notamment au contenu ou à l'orientation d'un titre. Les seuls cas d'exclusion possibles concernent les journaux condamnés au titre des textes sur la protection des mineurs (loi de 1949) ou faisant l'objet de restrictions d'affichage toujours pour la protection des mineurs

[Charon, 2002], ainsi que des titres qui seraient frappés d'une interdiction de diffuser par le juge des référés (saisie). Le contrat de diffusion constitue une obligation de mise en vente du titre dans des conditions de stricte égalité. C'est pourquoi les barèmes de rémunération des différents agents de la vente (dépositaires, vendeurs en magasin, à la criée ou ambulants) sont fixés par décret, évitant ainsi le recours à des avantages ou des ristournes par les titres eux-mêmes qui pourrait conduire à favoriser un titre au moment de la vente.

La loi de 1947 entendait en même temps garantir la pérennité du système coopératif, en évitant les dérives de gestion passées, c'est pourquoi son article 4 prévoit une « exception » qui consiste dans la possibilité de « confier l'exécution de certaines opérations matérielles à des entreprises commerciales ». Une condition est cependant introduite qui oblige à une participation majoritaire des coopératives dans la direction desdites sociétés. C'est cette « exception » qui permet la création des NMPP (Nouvelles messageries de la presse parisienne) dont le capital est détenu à 51 % par les coopératives et 49 % par Hachette. Dans la pratique, c'est en fait l'ensemble des activités de groupage, transport et distribution qui se trouve confié à cette filiale de Hachette. Un « Conseil supérieur des messageries de presse » (article 17), au sein duquel siègent des représentants de l'État, garantit la bonne mise en œuvre de la distribution de la presse par ses différents intervenants.

III / Les grandes caractéristiques de l'offre

L'offre de quotidiens est stable depuis plusieurs décennies, soit de l'ordre de quatre-vingts titres. Parmi ceux-ci figurent une dizaine de quotidiens nationaux grand public et une soixantaine de quotidiens locaux, régionaux ou départementaux. Une dizaine de titres s'adressent à une clientèle spécialisée ou professionnelle (médecins, financiers, juristes, turfistes, etc.). Depuis 2002, trois quotidiens gratuits développent un concept de journal de métropole. Une mention particulière peut être faite à la création, par l'éditeur Play Bac, d'une gamme de journaux pour enfants, vendus par abonnement, de *Quoti* à *L'Actu*, en passant par *Le Petit Quotidien* et *Mon Quotidien*, qui fut le premier titre de ce chaînage à être lancé en 1994. L'arrivée des quotidiens gratuits à l'aube des années 2000 compense à peine les disparitions de titres « historiques » tels que *Combat*, *L'Aurore*, *Nord matin* ou *La Liberté du Morbihan*, sans parler des expériences de création qui n'arriveront pas à se pérenniser tels *Le Quotidien de Paris* ou *Le Matin de Paris* dans les années 1970-1980, ou des échecs de lancement des années 1990, de *La Truffe* à *Jour* en passant par *InfoMatin*.

Même si les chiffres de l'après-guerre, avec 203 quotidiens publiés en 1946, ne sont pas forcément significatifs, l'offre de quotidiens apparaît étroite, en France, au regard du foisonnement des magazines, des stations de radio ou encore des canaux de télévision, sans parler des sites Internet. Il faut, à cet égard, distinguer une vision plutôt malthusienne des éditeurs imputant la faiblesse des diffusions à l'atomisation excessive de l'offre, et celle des lecteurs pour qui l'éventail du nombre des titres apparaît souvent trop étroit et insuffisamment évolutif, au regard de la diversité affichée par les principaux médias concurrents.

Les principales familles de quotidiens nationaux

Les quotidiens « haut de gamme »

Trois titres — *Le Figaro, Le Monde, Libération* — constituent le segment que l'on pourrait qualifier de « haut de gamme », soit autant qu'en Italie, en Espagne ou en Allemagne, alors qu'il faut en compter quatre en Grande-Bretagne. Ils se caractérisent par un traitement de l'information particulièrement développé, qu'il s'agisse de la diversité des domaines traités ou de l'approfondissement de chaque sujet. L'international occupe une place traditionnellement plus forte qu'ailleurs. La politique, l'économie et la culture font partie des autres points forts, même si, au fil des décennies, les sciences, la santé, les loisirs, les sports, la consommation sont venus s'ajouter et ont connu des développements particuliers pouvant donner lieu à des suppléments ou des cahiers spécialisés. À l'inverse, les faits divers sont moins présents. Le rapport privilégié de ces titres aux domaines des idées, des grandes orientations, des décisions fait qu'ils ont eu tendance un peu partout en Europe à leur consacrer une place importante, sous forme d'espaces d'expression, de tribunes (« Rebonds », « Horizons débats », « Débats et opinions », etc.) ouverts aux intellectuels comme aux personnalités du monde de la politique, de l'économie, etc.

Un tel traitement de l'information induit que ces quotidiens disposent de rédactions aux effectifs importants (plusieurs centaines de journalistes : plus de 400 à *El Pais*, 263 à *La Repubblica*, 370 au *Monde*, etc.). Ces rédactions doivent par ailleurs disposer de journalistes au niveau intellectuel élevé, mais aussi compétents dans de très nombreux domaines. Ces derniers devront pouvoir s'appuyer sur des outils techniques, mais aussi documentaires (documentations, banques de données, etc.), comme sur des installations adaptées. La place donnée à l'international implique un réseau de correspondants installés dans les grandes capitales du monde (une vingtaine pour *Le Monde* comme pour *El Pais*, dix-huit pour la *Suddeutsche Zeitung*). C'est dire qu'au-delà du nombre les coûts rédactionnels seront fonction des conditions de rémunération et d'attractivité pour attirer et garder les journalistes les plus compétents dans chaque domaine. La seconde conséquence de cette approche rédactionnelle tient à la pagination, abondante, avec les coûts liés au volume de papier, comme à la disponibilité en centres d'impression. Il faut noter que cette inflation de la pagination est alimentée par la multiplication des cahiers spécialisés, suppléments, etc. consacrés selon les jours de la semaine à l'économie, au cinéma, au livre, aux loisirs et sorties du week-end, etc. Pour cette dernière catégorie, les quotidiens français sont longtemps restés en retrait au regard de leurs homologues européens ou nord-américains.

Les quotidiens « haut de gamme » s'adressent en priorité à un public de décideurs, d'intervenants économiques de haut niveau, mais aussi de cadres, de professions intellectuelles, pour qui la lecture du quotidien est quasiment « captive » professionnellement et socialement. L'avantage d'un tel public est qu'il n'a cessé de croître dans les pays à économie moderne, avec pratiquement partout en Europe une progression de ce lectorat, en Grande-Bretagne, en Italie, en Espagne, en Allemagne et, dans une moindre mesure, en France. Le pouvoir d'achat des catégories concernées permet également de vendre le journal à un prix plus élevé. De même qu'il attire plus particulièrement les annonceurs de produits et services, qui auraient moins de pertinence à recourir à des supports tout public et chers, tels que la télévision. Outre les annonces de marques, ces quotidiens sont traditionnellement des supports de petites annonces, dont les plus stratégiques concernent l'emploi des cadres et l'immobilier (registre où excelle *Le Figaro*). La prime en ressources publicitaires qui découle de cette situation est aussi facteur de surcoûts d'impression, afin d'offrir l'espace et la qualité graphique (couleur, définition, etc.), qu'attendent ces annonceurs.

Les quotidiens d'opinion

Réduits à trois — *La Croix*, *L'Humanité*, *Présent* —, les quotidiens d'opinion sont les héritiers d'une nombreuse famille en

France. Parler de quotidiens d'opinion ne signifie pas que les autres journaux soient exempts de toute sensibilité ou inclination philosophique ou politique, il s'agit plutôt d'une forme de publication dont l'existence même découle d'une volonté de diffusion de ses propres analyses, conceptions, idées par une religion (pour *La Croix*), un parti politique (*L'Humanité* fut longtemps l'organe du Parti communiste français), un courant politique (celui de Jean-Marie Le Pen pour *Présent*). S'agissant de quotidiens, et non de périodiques développant les thèses d'une famille politique, les titres en question s'emploient à proposer au jour le jour une présentation de l'actualité, tout en l'organisant et en la commentant à partir de la grille d'analyse du courant d'opinion dont ils se réclament.

Historiquement, ces quotidiens traitaient un éventail de faits et d'événements relativement étroit. L'essentiel tenait à l'interprétation proposée, la pertinence, voire la virulence du commentaire. Ils s'appuyaient ainsi sur des rédactions aux effectifs modestes, mais dans lesquelles émergeaient quelques plumes particulièrement aiguisées. La collaboration de personnalités politiques, d'élus, de militants, de prélats fut longtemps la règle, que ceux-ci combinent leurs deux activités ou qu'il s'agisse de contributions ponctuelles. À partir des années 1960, il devint évident que les lecteurs, y compris parmi les plus proches du courant concerné par un quotidien, ne se satisfaisaient plus d'une telle présentation des faits. Les attentes se portaient sur davantage de domaines sociétaux, culturels, économiques, etc. L'accélération du déclin des convictions ou de la pratique politique ou religieuse va encore durcir les données du problème, contraignant à des évolutions substantielles des formules proposées au début des années 2000 par *La Croix* et *L'Humanité*.

Qu'il s'agisse du rubricage, du format, de la présentation, de la maquette, sans parler de l'écriture, *La Croix* et *L'Humanité* sont très proches des autres quotidiens : « une » largement illustrée, facilement parcourue, ouverture sur une rubrique « Événement », illustration combinant photographie et infographie, quadrichromie dans certaines pages, suppléments intégrés concernant le livre, le cinéma, etc. selon le jour de la semaine. Le rattachement explicite à une famille de pensée, abordée comme une « communauté » avec les lecteurs, s'exprime dans la seconde

moitié du journal, voire un cahier encarté, dans lesquels dominent des « libres expressions », des prises de parole ou question-
nements de lecteurs, voire des communications à ces mêmes
lecteurs, tel le « Forum » de *La Croix*, la rubrique « Idées » de
L'Humanité, sinon le cahier « Communistes » sous-titré : « Lien
d'échange et de communication ». Au-delà de ces manifestations explicites de l'ancrage à un courant de pensée, les deux
quotidiens se distinguent sans doute par la place prise par l'international et la culture au regard de leur pagination, limitée par
nécessité (24 pages pour *L'Humanité*). *L'Humanité* est particulièrement riche sur le social. *La Croix* est très attentive aux questions éthiques, de qualité de vie, de famille, d'éducation des
enfants. Soit des formules qui rapprochent insensiblement, et de
fait, les quotidiens d'opinion des préoccupations, des domaines,
des modes de traitement qui intéressent les lecteurs des quotidiens « haut de gamme ».

Aussi substantielles soient-elles, ces évolutions ont-elles
permis d'assurer un nouvel équilibre et une garantie de pérennité ? Rien n'est certain, tant se renforce une contradiction difficile à résoudre : pour répondre aux attentes nouvelles des
lecteurs potentiels, se rattachant à leur famille de pensée, les
deux journaux ont enrichi leur formule rédactionnelle, sans
parler du support matériel lui-même, d'où la pression des coûts
rédactionnels et les tensions permanentes sur la fabrication
(limitation du nombre de pages, suivi très strict des dépenses
d'illustration, etc.). Les rédactions, de quelques dizaines de journalistes, sont aux limites de leurs possibilités. Pour autant, les
lecteurs ne sont pas forcément au rendez-vous ou dans des
proportions suffisantes : la vente de *La Croix* s'est redressée, sans
revenir au niveau d'il y a une quinzaine d'années. *L'Humanité*
espère s'être stabilisée et escompte une légère reprise pour
atteindre un modeste niveau qui garantirait sa survie. L'équa-
tion est d'autant plus délicate que l'une des caractéristiques
inhérentes au quotidien d'opinion tient à sa faiblesse publicitaire, entre 5 % et 10 % des recettes. Ce handicap n'est pas
compensé par le système d'aide spécifique (« l'aide aux quotidiens à faibles ressources publicitaires »), sans parler du soutien
plus large au travers d'aides plus générales (l'aide postale notamment), cruciale pour *La Croix* vendu à 90 % par abonnement.

Quotidiens populaires

Les quotidiens populaires ont dominé la presse française jusqu'à la Seconde Guerre mondiale. Ils ne sont plus que deux (et demi) : *Le Parisien-Aujourd'hui en France* et *France Soir*. La diffusion du couple jumeau *Parisien-Aujourd'hui*, bien que sensiblement développée depuis deux décennies (environ 500 000), reste modeste au regard des performances de ses homologues européens *Sun* ou *Bild*. *France Soir* (moins de 70 000 exemplaires) n'est plus que l'ombre de lui-même. La grande fracture est intervenue dans les années 1960-1970, sans que les uns et les autres ne comprennent alors les raisons de leur déclin. Pour *France Soir*, les biographies de Pierre Lazareff [Soulé, 1992] indiquent clairement l'importance qu'il donnait à la puissance de séduction de la télévision pour expliquer la chute des ventes du journal. Pour Émilien Amaury, le secours fut davantage recherché dans l'inscription régionale et la recherche de meilleures conditions de fabrication (délais et coûts de production). C'est ce qui devait d'ailleurs conduire le titre au conflit social déjà évoqué et à la perte de sa diffusion. Toujours est-il qu'un tournant éditorial (mais aussi économique, avec la question du prix) ne fut pas pris, contrairement aux homologues britanniques ou allemands, et qu'il fallut près de deux décennies pour que *Le Parisien libéré* opère une réorientation aussi radicale que nécessaire.

Recours massif au marketing, travail sur le prix, réorientation de la distribution (avec le développement du portage et d'un réseau de points de vente « supplétifs »), rénovation de la présentation et surtout du contenu rédactionnel (choix et hiérarchie des sujets, rubricage, écriture, illustration, etc.), tels furent les axes de la révolution opérée par *Le Parisien*. Le fait divers, abordé avec davantage de profondeur sociologique, restait un point fort, au côté de l'accent mis sur la vie pratique, la proximité, l'attention portée aux préoccupations des lecteurs (programmes de télévision, loisirs, santé par exemple), sans oublier la présence du public lui-même dans le courrier des lecteurs, mais aussi des rubriques telles que « Voix express ». Cela n'alla pas sans hésitations stratégiques entre « le quotidien de la mégalopole parisienne » et une nouvelle génération de quotidien national, plus compact avec le lancement d'*Aujourd'hui en France*, chargé de contrer l'arrivée d'*InfoMatin*, proposé à 3,50 francs au début des années 1990. Toujours est-il que la poursuite de cette stratégie double devait permettre de regagner plus de 70 % de la diffusion en une quinzaine d'années. Une performance sans équivalent pour les quotidiens généralistes français, même si elle reste éloignée des objectifs longtemps avancés par le groupe, qui disait viser le retour au million d'exemplaires.

Dans le cas de *France Soir*, aucun éditeur ne saura arrêter une stratégie claire et dans la durée. C'est au contraire à une valse des équipes et des lignes éditoriales que l'on devait assister, finissant par désorienter totalement un public « résiduel » qui n'a plus de caractéristiques sociologiques ou culturelles propres. *France Soir* est désormais un journal fait par une rédaction aux effectifs devenus insuffisants, n'ayant que rarement le temps de trouver ses marques, alors qu'il fait face à un concurrent qui n'a de cesse de l'empêcher de rebondir. Concurrence désormais décuplée par l'arrivée de gratuits qui referment encore un peu plus les voies qui pouvaient s'offrir à lui pour se relancer.

Les années 1980 furent celles de la prise de conscience des erreurs faites en matière de presse populaire (prix élevé, réseau de vente inadapté, contenu et présentation insuffisamment attractifs, etc.), d'où la tentation de remettre l'ouvrage sur le métier. L'idée était alors celle du « quotidien à 2 francs », à la présentation moderne et largement illustrée, sur le modèle de *USA Today*. Pas moins de trois projets virent le jour à l'initiative des groupes Hachette, Hersant et Maxwell. Les études, voire le travail de préfiguration et de tests, sans parler d'investissements préalables furent poussés assez loin par Hachette. Une équipe autour de Jean Chalite testa plusieurs numéros zéro d'un prototype. Le groupe co-investissait dans la création de l'imprimerie d'Ivry du Monde-imprimerie. Pourtant, aucun de ces titres ne verra le jour. Faute de croire à la pertinence d'un contenu agressif centré sur « les scandales, le sexe et le sang » à la manière des tabloïds anglo-saxons ou allemands, le concept rédactionnel apparut comme insuffisamment consistant et attractif. Les annonceurs restaient sceptiques. Les coûts rédactionnels et techniques paraissaient considérables. Un maximum de risques, pour des garanties de réussite faibles, alors que l'investissement se situait dans une fourchette de 600 millions à un milliard de francs. Personne n'eut l'audace de relever le défi. Le projet Hachette arrêté, Maxwell décédé subitement, Robert Hersant engagé dans la télévision avec la 5, chacun acheva de se convaincre de l'infaisabilité de la chose face au spectacle du désastre de *Claro*, en Espagne, à l'initiative des groupes ABC et Springer. L'arrivée des gratuits et la place qu'ils occupent ne peuvent que renforcer le diagnostic, à moins que ce soit eux qui dessinent désormais les contours des futurs quotidiens populaires français.

Quotidiens spécialisés

Les années 1980 auront été décisives pour les quotidiens spécialisés. Jusque-là, deux titres, *L'Équipe* et *Les Échos*, dominaient seuls les domaines, l'un de l'information économique, l'autre du sport. Leur diffusion, sans être insignifiante, paraissait modeste au regard du *Financial Times* britannique pour l'économie ou de la *Gazetta dello Sporto* italienne pour le sport. Dans l'un et l'autre cas, cette situation allait susciter des convoitises et l'arrivée de concurrents. Pour l'économie, ce sera d'abord un groupe de journalistes qui se lanceront dans l'aventure périlleuse de *La Tribune*. Celle-ci connaîtra bien des vicissitudes avant d'absorber un plus modeste concurrent, déjà ancien, *La Cote Desfossés*, de trouver un actionnaire puissant et stable, le groupe LVMH, et de se stabiliser autour de 80 000 exemplaires. Sommés de réagir, *Les Échos* n'auront de cesse de faire évoluer, de développer et d'enrichir leur formule. Leur diffusion doublera de 1979 à 2004 (passant de 56 000 à 118 900 exemplaires). Chemin faisant, le groupe Pearson, éditeur du *Financial Times*, trouvait le titre suffisamment attractif pour le racheter et investir significativement dans son développement.

C'est également l'arrivée d'un concurrent, *Le Sport*, lancé en 1987, qui va largement bouleverser le paysage de l'information sportive. En quelques mois, le nouveau venu stabilise sa diffusion autour de 40 000 exemplaires, mordant sur le lectorat de *L'Équipe*, qui n'eut d'autre alternative que de renouveler très radicalement sa formule, élargissant l'éventail des sports traités, prenant davantage d'indépendance à l'égard des instances du sport, etc. Le résultat fut plus que positif, puisque, une fois son concurrent disparu, *L'Équipe* n'aura de cesse de moderniser son contenu et sa forme, conduisant à un bond de la diffusion d'un peu plus de 100 000 exemplaires (progression de 55 % de 1988 à 2004). Le différentiel avec les puissants voisins italiens s'est réduit, mais reste important, puisque trois titres sportifs dépassent les 800 000 exemplaires, là où *L'Équipe* réalise une moyenne de 350 000 exemplaires. Au sens large, le domaine sportif est également abordé par plusieurs quotidiens traitant des courses de chevaux, à commencer par *Paris Turf*, le leader. Ce dernier a, en revanche, peu évolué, sans doute en partie sous l'influence du déclin relatif du PMU, face à la concurrence des autres formes de jeux.

Un tel dynamisme des quotidiens spécialisés ne pouvait manquer d'interpeller les éditeurs qui seront tentés d'identifier d'autres formes de spécialisation pouvant intéresser le grand public. Le groupe Express confiait à Bernard Pivot, alors rédacteur en chef du magazine *Lire*, un projet de quotidien culturel. Il fut rapidement abandonné. La principale innovation viendra d'un groupe de jeunes éditeurs de jeux éducatifs (« Les Incollables ») qui s'aventurera sur le terrain, totalement vierge, des quotidiens pour enfants. Leur groupe Play Bac Presse crée à partir de 1994 : *Mon Quotidien*, *Le Petit Quotidien*, *L'Actu* puis *Quoti*. La diffusion globale reste limitée (un peu plus de 150 000 exemplaires), mais avec une décennie d'existence, elle semble apte à se pérenniser [Charon, 2002]. Faut-il y voir le signe d'une forme de quotidiens s'adaptant, grâce à des structures très flexibles, au mouvement général des médias dominé par la spécialisation des contenus, la segmentation des publics et l'élargissement de l'offre ? Faute de pouvoir s'avancer dans cette forme de prospective, il faut au moins s'interroger sur le rôle que peuvent jouer quotidiens économiques d'un côté, quotidiens sportifs de l'autre, dans la compensation, voire l'aggravation de la faiblesse des quotidiens « haut de gamme » pour les premiers et populaires pour les seconds. La question mérite d'autant plus d'être posée que les quotidiens « haut de gamme » ont longtemps été critiqués pour leur faiblesse en matière d'économie, alors que le sport est l'un des motifs traditionnels d'attrait des quotidiens populaires. Sans compter que les quotidiens économiques ont largement élargi leur couverture de l'information à la politique, à la culture, aux loisirs, etc.

Les quotidiens locaux

Derrière l'appellation générale de « presse quotidienne régionale » (PQR) se cache une grande diversité de situations et publications : chacun a bien sûr à l'esprit quelques « grands régionaux », à commencer par *Ouest France, Le Progrès, La Montagne, Sud Ouest, La Voix du Nord*, etc. Ils représentent des diffusions importantes sur une zone géographique étendue. Ils ont souvent regroupé autour d'eux une poignée de titres plus locaux, quotidiens et hebdomadaires. Il existe également un éventail large et contrasté de quotidiens qui sont davantage localisés sur un département (*L'Yonne républicaine, La République du Centre*), une ville métropole (*La Marseillaise, L'Éclair de Nantes*), voire une ville plus modeste et son « pays » (*La Presse de la Manche* ou *La Dordogne libre*). Les diffusions peuvent être très éloignées, entre les 64 000 exemplaires du *Journal de Saône-et-Loire* et les 5 700 de *La Dordogne libre*. Faute de pouvoir envisager l'ensemble des configurations, la présentation retenue ici distinguera les « grands régionaux » qui se reconnaissent dans une organisation professionnelle, le Syndicat de la presse quotidienne régionale (SPQR), et les quotidiens de « proximité » qui adhèrent au Syndicat des quotidiens départementaux (SQD).

Les grands « régionaux »

Les « grands régionaux » couvrent la quasi-totalité du territoire national, avec des zones géographiques plus vastes à l'ouest (treize départements pour *Ouest France*) et au sud de la Loire (*La Dépêche du Midi* est présente dans onze départements, *Sud Ouest* et *Le Dauphiné libéré*, dans huit départements, etc.). Ils ont multiplié les éditions locales (quarante-deux pour *Ouest France*) qui sont autant de journaux différents, pour ce qui est des pages de « petite locale », mais aussi le plus souvent départementales, voire régionales. Les pages locales proprement dites ont bénéficié d'une attention et d'un développement substantiels, chaque petite ville ou pays devant trouver sa page, certaines rédactions s'employant à ce que chaque village se retrouve au moins une fois dans les pages chaque semaine. Au-delà des pages locales proprement dites figure un large volet de rubriques d'informations liées à la vie quotidienne et pratique. L'emploi et l'économie, les loisirs donnent souvent lieu à des cahiers spéciaux hebdomadaires. La fin de semaine est fréquemment renforcée par l'appoint de magazines (de télévision et féminins). Plusieurs titres dont *Ouest France* ont lancé dans les années 1980 et 1990 des éditions du dimanche. L'information politique et générale, habituellement synthétique, donne lieu à des traitements diversifiés, très dépendants de l'AFP pour certains, beaucoup plus autonomes pour d'autres. Selon les titres, la « une » donne la primeur à la locale ou aux informations nationales et internationales.

Les « grands régionaux » s'appuient sur des structures importantes : réseaux de correspondants (non-journalistes) très vastes (2 700 pour *Ouest France*), maillage d'agences décentralisées et de journalistes « détachés » (travaillant seuls sur leur zone), rédaction au siège regroupant services et spécialistes (chroniqueurs judiciaires, par exemple), bureau parisien pour certains, appel à des éditorialistes « parisiens » et à des agences spécialisées (éducation, agriculture, etc.). Au total, les « grands régionaux » regroupent parmi les plus grosses rédactions de la presse quotidienne (quasiment 550 pour *Ouest France*). Ils s'appuient également sur des outils techniques puissants (centres d'impression, réseaux de traitement de la copie et des images) souvent installés au siège, avec quelques exemples de décentralisation de la fabrication (Nantes pour *Ouest France*). Ils contrôlent complètement leurs régies publicitaires depuis les années 1980. Ils maîtrisent leur propre réseau de distribution (transport, points de vente, portage).

Des traditions et des contextes géographiques et historiques interviennent dans l'interprétation d'un certain nombre de différences entre les « grands régionaux » : le Nord de la France et l'Est ont longtemps été des régions à forte tradition de lecture. Les journaux alsaciens sont diffusés par portage. La pagination proposée est importante, avec une présentation par cahiers. Les journaux de l'Ouest bénéficient d'un contexte plus rural et de villes moyennes qui les a mis à l'abri des grandes questions posées par la lecture dans les grandes métropoles urbaines. Dans l'Ouest prévaut également la concurrence entre titres, aussi bien à Brest, à Nantes, au Mans qu'à Angers. Les grands quotidiens du Nord affichent une image dépolitisée et modérée, alors qu'au Sud, par exemple à Toulouse avec *La Dépêche* et à Marseille avec

Le Provençal, les propriétaires Jean-Michel Baylet et Gaston Deferre étaient des personnalités politiques de stature nationale. Une question cependant domine, qu'il s'agisse de situation de monopole ou de concurrence, les formules rédactionnelles sont proches, se voulant tout public, privilégiant les thèmes consensuels, soit un décalage qui s'accentue avec les publics des métropoles urbaines qui se retrouvent davantage dans des médias qui les confortent dans leurs identités (âge, milieu social, culture, style de vie, etc.).

Quotidiens de proximité

Dans leur contenu éditorial et leur présentation, les quotidiens de proximité sont souvent proches, sinon similaires, aux « grands régionaux ». Il est d'ailleurs fréquent qu'ils s'affrontent directement à ceux-ci avec un certain succès si l'on en juge par le face-à-face du *Télégramme de Brest* et de *Ouest France* dans le Finistère. Les quotidiens de proximité ont donc l'avantage d'intervenir sur des zones plus homogènes (un contexte de métropole pour *La Marseillaise*, de ville moyenne portuaire pour *La Presse de la Manche*, de pays ruraux pour *La Dordogne libre*). Dans certains cas, cela permet un affichage plus précis d'inscription sociale ou politique (quotidien communiste pour *La Marseillaise*, dualité sociale démocrate/chrétienne démocrate pour les quotidiens havrais ou palois, etc.), même si, dans leur grande majorité, la cohérence et l'identification jouent davantage sur des caractéristiques territoriales et culturelles.

Inversement, la taille des titres peut constituer un handicap, lorsqu'il s'agit du développement de l'information plus générale, de société, politique, nationale et internationale. Bien souvent, l'essentiel des ressources rédactionnelles est concentré sur la micro locale, dont un quotidien comme *Le Télégramme* continue d'affirmer qu'elle est son principal argument de succès. Nombre de titres suppléent à ce handicap par leur intégration dans un groupe, au sein duquel ils vont trouver l'apport rédactionnel du « grand régional », des moyens de fabrication et de commercialisation, dont ils n'auront à assurer qu'une partie des coûts. Il n'en reste pas moins que plusieurs quotidiens de proximité ont un statut coopératif (*L'Yonne républicaine*, *Le Courrier picard*) ou sont la propriété de familles (*Le Télégramme*), voire de banques régionales (*L'Alsace*).

Les quotidiens « gratuits »

Ils sont deux à Paris, trois dans nombre de grandes villes de province (Marseille, Lyon, Lille, Toulouse, Bordeaux, Nantes, etc.). *Metro*, *20 Minutes* et « Réseau Plus » élargissent l'offre de quotidiens, d'autant plus que leur conception, leur « cible », tranche avec celle des quotidiens payants. Du point de vue de l'offre, ces quotidiens ne sont pas d'abord gratuits, ils sont surtout pensés comme une forme de journal s'adressant à un lectorat urbain, plutôt jeune, largement féminin. Ne partant de rien, n'ayant à assurer aucune continuité vis-à-vis d'une clientèle existante, ils ont pu définir un contenu rédactionnel et une forme directement en prise avec les pratiques, les valeurs et les préoccupations du lectorat recherché : *Metro* fait le choix d'une forte proximité avec le quotidien modernisé tel qu'on peut le trouver en Europe du Nord. Il partage d'ailleurs avec les autres « éditions » du groupe sa maquette, comme nombre de ressources rédactionnelles (enquêtes, dossiers, interviews) et marketing (études Gallup sur le lectorat). *20 Minutes* emprunte davantage au magazine (voir certains apports de l'éphémère mais très innovant *InfoMatin*). « Réseau Plus » propose un format et une conception aux partis moins affirmés.

La volonté de répondre aux préoccupations et à la sensibilité du public s'exprime d'abord par le parti pris de simplicité dans l'exposition des sujets, comme dans la clarté de la maquette, de la circulation dans la page, le « déroulé », le « chemin de fer » de l'ensemble du journal (plus affirmé pour *20 Minutes*). Les articles sont concis, largement illustrés. L'appel à la couleur permet de valoriser des moyens de repérage et d'aide à la compréhension, sorte de mode d'emploi de l'actualité (chiffres clés, encadrés pour non-initiés). La construction de la page permet différentes entrées dans un sujet, plusieurs niveaux de lecture, pour un public de non-initiés à la lecture de l'information. Plusieurs principes se retrouvent dans les trois titres : en premier lieu, la « proximité », affirmée dans l'inscription dans une ville, qu'il s'agisse des nouvelles, des sorties et des loisirs. Une proximité qui s'exprime également par l'interactivité (« courrier des lecteurs », « question du jour », etc.). En second lieu, le journal se veut « pratique », articulé au vécu des lecteurs, avec des rubriques « guide, sorties, consommation, programmes et sélection télé, météo », etc. En troisième lieu, un cadrage sur les activités, les goûts, les modes du public visé : loisirs, « high-tech », « Net guide », « people », sports.

Les moyens mis en œuvre sont par nature limités (contraintes de la gratuité). Les rédactions ne comportent que quelques dizaines de journalistes (une cinquantaine pour *20 Minutes*). On est cependant loin de la caricature de gratuits qui ne seraient que de simples reprises de dépêches d'agence. Des interviews originales, des points de vue, des dossiers, des reportages sont réalisés nationalement et localement, même si les structures rédactionnelles ne sont pas comparables avec celles de la plupart des quotidiens payants (deux journalistes réalisent les pages locales de *20 Minutes Lyon*). Les gratuits diffusent chaque jour 600 000 exemplaires pour *20 Minutes* et 550 000 exemplaires de *Metro*, avec des audiences respectives de 2 millions et 1,5 million de lecteurs. Leur crédibilité s'est rapidement constituée dans l'opinion, si l'on en croit l'étude TNS Sofres pour *La Croix* et *Le Point* (février 2005), puisque 75 % des personnes interrogées considèrent que les gratuits « permettent à certaines personnes de lire les journaux qu'elles n'achètent pas autrement » (82 % pour les 18-24 ans contre 68 % chez les 65 ans et plus). Surtout, 64 % des mêmes interviewés considèrent que les gratuits sont « un moyen de s'informer de manière simple et rapide ». Ce chiffre monte à 80 % pour les 18-24 ans. 70 % des personnes portant un intérêt « très grand » aux médias étant du même avis. La question de la gratuité elle-même n'est pas perçue comme une entrave à la qualité puisque 41 % contre 34 % voient une qualité équivalente à ces deux formes de quotidiens. Ce chiffre monte même à 56 % pour les 18-24 ans, 45 % pour les femmes et 43 % pour les personnes portant un intérêt « très grand » aux médias.

IV / L'économie du quotidien

Si la presse écrite, dans son ensemble, réalise en France le chiffre d'affaires le plus important parmi les médias, avec 10,25 milliards d'euros, les quotidiens, en revanche, ne représentent plus que 40 % de cet ensemble. C'est-à-dire qu'ils sont devancés par la télévision. Le chiffre d'affaires des quotidiens nationaux d'information politique et générale, avec 860 millions d'euros, arrive derrière celui de la radio. Au-delà de sa place spécifique dans l'économie des médias, la presse quotidienne se singularise par le poids de ses structures et de son organisation. Elle est le média le plus « industriel » avec une part beaucoup plus importante et permanente de contraintes, qu'il s'agisse des coûts fixes, de la gestion des relations sociales, des délais de fabrication, comme des flux de distribution, etc. le tout imposant un management assez spécifique.

Une structure verticale et industrielle

La contrainte temporelle du quotidien, couplée à la nature du support (papier) et du mode d'expression (écrit), a conduit historiquement à privilégier une organisation de la fabrication intégrée verticalement. Les « chaînes de presse » nord-américaines, telles Gannett ou Knight Ridder, ont poussé à son extrémité ce modèle, puisqu'elles possèdent les forêts qui fourniront la pâte à papier, les agences d'information intégrées desservant les titres des groupes, etc. jusqu'aux réseaux de porteurs distribuant les

Chiffre d'affaires des quotidiens d'information politique et générale
(millions d'euros)

	1991	1995	1999	2003
Quotidiens nationaux				
Chiffre d'affaires	955	918	1 052	862
Ventes au numéro	367	394	338	305
Ventes par abonnement	86	113	139	153
Total ventes	453	507	477	458
Publicité commerciale	307	311	419	317
Tous types d'annonces	195	100	155	87
Total publicité	502	411	575	404
Quotidiens locaux				
Chiffre d'affaires	2 065	2 184	2 590	2 629
Ventes au numéro	949	1 018	1 111	1 032
Ventes par abonnement	270	326	423	513
Total ventes	1 219	1 304	1 534	1 545
Publicité commerciale	599	645	769	749
Tous types d'annonces	247	195	287	334
Total publicité	846	840	1 056	1 083

Source : Direction du développement des médias (DDM), *Info-Médias*, n° 9, juillet 2004.

journaux à domicile [Burbage, 1981]. Dans les années 1970, Gannett fera développer ses logiciels et son propre « système rédactionnel ». Le même groupe trouvera logique d'acquérir la société de sondage Gallup, alors même que, comme chacun de ses homologues, il obtient des configurations adaptées à ses besoins en matière de système d'impression. En France, les grands régionaux développent une logique comparable, avec en amont le réseau de correspondants locaux, les bureaux et agences décentralisés, jusqu'à la maîtrise de la distribution vers les points de vente, et les équipes de portage, en passant par un, voire plusieurs centres d'impression.

L'élargissement de l'offre médiatique, la répartition des rôles entre médias comme l'élargissement des domaines couverts par l'information ont encore renforcé le phénomène, exigeant des rédactions de plus en plus importantes (dotées de réseaux de correspondants à l'étranger pour les quotidiens « haut de gamme »), des réseaux intégrés et très maîtrisés de traitement-gestion des flux d'information, de même que des moyens d'impression de plus en plus lourds et sophistiqués, capables de répondre à l'augmentation de la pagination, à la multiplication d'éditions et au développement de la couleur. Le quotidien sous-traite peu : chaque rupture dans la chaîne de fabrication étant perçue comme un point de fragilité, voire une dépendance à l'égard du sous-traitant. Être tirés à plusieurs sur un même centre d'impression suppose un ordre de passage qui se traduira par un bouclage précoce pour le quotidien le plus faible.

Cela n'empêchera pas nombre de nouveaux quotidiens des années 1970 de recourir à la sous-traitance de l'impression, tant l'investissement est lourd, ne pouvant s'amortir que sur plus d'une décennie. *La Repubblica*, *The Independent*, *Libération* feront le choix d'une telle option, qui leur garantira une meilleure décentralisation de leur fabrication et du même coup de leur distribution (pour *La Repubblica* ambitionnant d'être le premier véritable national de la péninsule). Nombre d'autres quotidiens français, aux diffusions modestes, se rallieront à la même option (*La Croix*, *La Tribune*, *L'Humanité*, *Les Échos*). Il en ira de même pour les expériences de portage des quotidiens parisiens. Il n'empêche que le modèle intégré reste très prégnant, le développement du *Parisien-Aujourd'hui en France*, conduisant le groupe Amaury à développer son propre réseau d'impression décentralisée au début des années 2000. Les conséquences de cette structure industrielle, verticale, sont décisives, obligeant le management à maîtriser tant la compétence en matière d'innovation technologique que les relations sociales concernant des professionnels aux caractéristiques aussi différentes que les journalistes, les ouvriers du livre ou les porteurs à domicile.

La question de l'innovation technologique

L'obligation de maîtriser dans sa globalité son flux d'information et sa fabrication pose dans des termes particulièrement aigus la question de l'innovation technologique et la capacité des directions à faire les choix les plus judicieux. Il en a toujours été ainsi, vu le rôle que devait jouer la mise au point des premières rotatives pour le lancement des quotidiens populaires. Moïse Millaud embauchera Marinoni, le plus à même de mettre au point ladite rotative. Celle-ci permettra d'augmenter les volumes de tirage du *Petit Journal* dès 1865 [Bellanger, 1969]. Dans les décennies suivantes, les linotypes, dotées de clavier, fondant des lignes de caractères plutôt que de composer caractère par caractère, à la manière des typographes [Cuchet, 1986], permettront l'augmentation de la pagination dans les délais, à des coûts supportables pour des journaux bon marché.

Au cours des décennies 1970-1990, des étapes décisives interviendront et se télescoperont souvent. Elles furent d'autant plus délicates qu'elles concernaient des procédés en cours de mise au point et très évolutifs. Il s'agira des réseaux informatiques rédactionnels (appelés alors « systèmes rédactionnels »), des banques de données, de l'impression offset, du passage à la couleur, de la décentralisation de l'impression par « fac-similé », de l'intégration de l'Internet et de réseaux Intranet, voire du recours aux satellites pour la transmission des pages (qui permettra au groupe Gannett de maîtriser la fabrication de *USA Today* à l'échelle des États-Unis, puis du monde). Pour les entreprises de presse, il s'agira de passer en quelques années de compétences essentiellement mécaniques et chimiques à celles de l'informatique et des télécommunications.

La plus ou moins bonne maîtrise de l'innovation technologique aura de fortes répercussions sur l'avenir des titres, interférant aussi bien sur les coûts que sur la compétitivité des journaux. Cette maîtrise comportait une dimension purement technologique, mais aussi humaine (formation) et sociale (diminution et évolution des effectifs et des compétences). Du point de vue des économies sur les coûts, le système rédactionnel permettait de réduire considérablement le poids du « prépresse » (composition, mise en page, traitement de la photo, documentation) directement pris en charge par les journalistes (rédacteurs et secrétaires de rédaction). Les effectifs d'ouvriers du livre pouvaient être substantiellement réduits. Il en ira de même avec le développement des nouvelles générations de rotatives automatisées, pilotées informatiquement et non plus réglées manuellement. Le nombre d'ouvriers, dans certains journaux italiens ou espagnols par exemple, sera divisé par dix en quelques années. L'Internet fera disparaître pour les régionaux les systèmes dits de « hors sacs » ramenant au siège les copies et photos des correspondants et localiers. Le fac-similé réduit les délais (bouclage plus tardif) et les coûts de transport (par train ou camion).

Simultanément, ces technologies permettent de renforcer les recettes potentielles des quotidiens, ainsi que leur compétitivité tant vis-à-vis des lecteurs que des annonceurs : la pagination plus abondante contribue à l'enrichissement du contenu par la multiplication des rubriques comme par l'adaptation à des contextes locaux (éditions). Elle offre de meilleures conditions d'accueil de la publicité de marques, comme des PA (petites annonces). Les horaires de bouclage sont retardés et les délais de traitement de la locale raccourcis, garantissant davantage de fraîcheur à l'information, notamment sportive (résultats des matches, etc.). Les journaux sont livrés plus tôt aux abonnés « portés », alors même qu'ils sont également disponibles dans les kiosques des grandes villes (ce qui permettra à *La Repubblica* de s'imposer sur l'ensemble de l'Italie).

La pertinence des choix en matière de technologie est d'autant plus déterminante que les temps d'amortissement des rotatives et sites de fabrication sont longs, offrant plus ou moins de disponibilité, de souplesse, de flexibilité, etc. alors qu'ils requerront des effectifs de fabrication plus ou moins importants, avec des coûts de formation et de reconversion plus ou moins élevés. Cette pertinence ne s'évalue pas uniquement à l'aulne des performances techniques, dans la mesure où se sont posées des questions très délicates de gestion sociale de l'innovation [Bayart et Benghozi, 1992]. Les contextes d'entreprise n'interviennent pas seuls, souvent surdéterminés par des conditions sociales et politiques nationales. Émilien Amaury fera face à un très long conflit au *Parisien libéré*, totalement isolé des autres éditeurs, sans obtenir l'appui des pouvoirs publics. Inversement, Ruppert Murdoch gagnera l'affrontement avec le NGA (syndicat des ouvriers du livre britannique) avec l'appui du gouvernement Thatcher. De leur côté, syndicats et organisation patronale de la presse allemande négocieront par des accords-cadre chaque phase de modernisation. L'ampleur des enjeux de l'innovation technologique, du point de vue des compétences, des gains de productivité, de la complexité du dossier social, conduira parfois à donner trop d'importance à cette question, tant du point de vue des moyens mis en œuvre que de sa place dans la stratégie de l'entreprise, au point de sous-estimer les dimensions éditoriales et commerciales qu'appelait le développement des quotidiens.

Les coûts de l'entreprise de presse quotidienne

L'économie de l'entreprise de presse est largement dominée par la question du poids des coûts fixes, entraînant une très grande vulnérabilité à la conjoncture (récession publicitaire, tension sur le pouvoir d'achat des lecteurs, variation du prix du papier). Au premier rang de ces coûts fixes figurent les charges de personnel.

Quatre grands postes de coûts salariaux

Au premier rang des charges de personnel figure la rédaction (20 % à 25 %) [Toussaint-Desmoulins, 2004] et les services annexes, tels que la documentation. Contrairement aux magazines ou aux télévisions, les quotidiens ont peu de moyens pour jouer sur les charges rédactionnelles, au risque d'une perte de substance et donc de déclin de la diffusion. Les effectifs sont structurellement importants. Les salaires moyens sont modérés dans leur majorité, au point de voir les plus expérimentés ou les plus reconnus se tourner vers les news magazines ou l'audiovisuel. Traditionnellement, la presse régionale contient ses effectifs rédactionnels en s'appuyant sur l'AFP, pour nourrir ses pages d'information politique et générale. Des agences spécialisées fournissent également informations et contenus spécifiques, tels que programmes de télévision, météo, jeux, etc. Pour les nationaux, le recours à des pigistes peut intervenir pour les correspondances à l'étranger (partagées avec d'autres titres ou médias), voire pour des domaines d'information spécialisée ou des sujets devant alimenter les « pages froides ».

Le second poste salarial concerne la fabrication qui, désormais, se concentre sur l'impression et la préparation des expéditions (15 % à 20 %). Ce poste a sensiblement reculé avec l'appui des évolutions technologiques. Dans nombre de pays (Grande-Bretagne, Espagne ou Italie), il semble stabilisé. En

France, des marges subsistent et interviendront au travers de nouvelles négociations sociales, comme la modernisation de centres d'impression dans les années 2000 (Socpresse, *Le Monde*, etc.). Pour les journaux aux diffusions inférieures à 200 000 exemplaires, des économies ont pu être trouvées par le recours à des sous-traitances ou à des centres d'impression communs (du groupe Amaury, Riccobono). Les quotidiens gratuits, en tout cas *20 Minutes*, ont trouvé des économies en sortant des centres de fabrication de la presse quotidienne pour recourir à des imprimeries de labeur.

L'activité commerciale constitue le troisième poste salarial, qu'elle soit consacrée à la vente de l'espace publicitaire (8 % à 10 %) ou au suivi et à la promotion de la vente aux lecteurs. L'histoire de la presse française avait conduit les quotidiens à sous-traiter la régie publicitaire (à Havas dès le milieu du XIXe siècle). Il s'agit là d'un particularisme national, sachant qu'ailleurs la vente de l'espace publicitaire est considérée comme trop stratégique pour être déléguée. Dans les dernières décennies, une tendance s'est dessinée, visant à ramener les régies dans les entreprises et groupes de quotidiens, à commencer par les groupes Hersant et Lagardère avec, respectivement, Publiprint et Interdéco. Les structures de suivi et de soutien à la vente aux lecteurs sont plutôt sous-dimensionnées, même si les entreprises les plus dynamiques telles que Amaury ou *Ouest France* y consacrent davantage de moyens (promotion du portage notamment).

Un quatrième grand poste salarial est consacré à la distribution (10 % à 25 %). Il varie sensiblement selon le type de quotidien et les formes de distribution privilégiées (kiosque, abonnement postal fortement aidé, abonnement porté moins aidé). Les quotidiens nationaux sous-traitent la quasi-totalité de leur distribution au travers du recours aux NMPP (Nouvelles Messageries de la presse parisienne) et à La Poste. Pour les régionaux, auxquels se rattache *Le Parisien*, la distribution est largement prise en charge par l'entreprise de presse, qu'il s'agisse du transport, des dépôts ou des réseaux de portage. Le poste des coûts liés à la distribution externalisée de la vente au numéro, au travers des NMPP, a bénéficié des améliorations de productivité réalisées par celles-ci grâce à plusieurs plans de modernisation.

La rémunération des NMPP proprement dites passant de 12 % à 7 % de 1985 à 2003.

Moyens de fabrication et de commercialisation

Outre les coûts salariaux, le papier, principale matière première des journaux, pèse sur l'économie de la presse quotidienne, puisqu'il représente de 10 % à 15 % des charges. Son impact tient aussi à l'instabilité de son prix, les journaux étant dépendants d'un marché mondial dominé par quelques grands groupes finlandais et, dans une moindre mesure, canadiens. Selon que la demande est forte ou l'offre abondante, des écarts très importants pourront intervenir : entre 1992 et 1995, par exemple, le prix de la tonne de papier est passé de 3 200 francs à 4 200 francs. La marge de manœuvre des quotidiens est faible. Elle porte sur la qualité du papier, voire la pagination, au risque d'entrer en contradiction avec les recettes (lecteurs et annonceurs).

S'agissant d'une activité « industrielle », la presse quotidienne doit compter avec les coûts d'acquisition et d'amortissement des équipements techniques, à commencer par les centres d'impression qui peuvent se chiffrer aux alentours de 150 millions d'euros. Les amortissements se font sur de très longues périodes, de dix à vingt ans. Il est vrai que, aujourd'hui, ceux-ci concernent moins de quotidiens que jadis, avec les regroupements ou les sous-traitances. Moins coûteux, les équipements informatiques — acquisitions et développements de logiciels, équipements de réseaux — posent en revanche la question d'un renouvellement toujours plus rapide. Ils concernent toutes les formes de quotidien, y compris les « gratuits » qui misent sur les économies de structures liées aux technologies les plus performantes.

Il est courant d'évoquer un dernier poste de coût dit « d'administration et de frais généraux » (15 % à 20 %) dans lequel se trouvent fondus les investissements en promotion et développement. Dans la réalité, ces derniers sont notoirement insuffisants dans la presse quotidienne française. Il est ainsi frappant que *Ouest France* soit seul à disposer d'une structure permanente et intégrée de recherche et développement ; de même que les campagnes de promotion représentent rarement plus de 1 % à 2 %. Il est difficile dans ces conditions d'imaginer les quotidiens français bénéficier substantiellement de l'ouverture de la publicité télévisée, à la manière de leurs homologues britanniques ou des magazines.

Les recettes des quotidiens

Les recettes des quotidiens combinent la vente au lecteur et la publicité dans des proportions qui varient sensiblement d'un titre à l'autre, d'un type de quotidien à un autre, avec des différences sensibles selon les pays. En France, *Le Figaro* fit longtemps figure d'exception, avec près de 80 % de recettes publicitaires, dopées par les petites annonces (immobilier et emploi des cadres principalement). Dans presque tous les pays, les quotidiens « haut de gamme » et économiques bénéficient d'un meilleur ratio publicité/vente aux lecteurs. À l'inverse, les quotidiens populaires, même lus par des millions de lecteurs, sont beaucoup moins appréciés des annonceurs, la proportion de la publicité dans leurs recettes se situant autour de 20 %, tout comme la presse régionale d'ailleurs. *L'Équipe*, quotidien sportif, se trouve soumis à la même norme, bien que son lectorat se soit diversifié socialement et légèrement féminisé. La presse d'opinion est encore plus maltraitée, puisque ses recettes publicitaires dépassent rarement 10 %.

Les différences entre pays sont plus difficiles à interpréter. Elles traduisent un comportement des acteurs économiques conduisant à des investissements plus ou moins forts. Les États-Unis occupent largement la tête de l'investissement publicitaire par habitant, alors qu'en Europe la France, avec 498 euros, arrive nettement derrière la Grande-Bretagne (604 euros) ou l'Allemagne (584 euros), mais devant l'Italie (302 euros) ou l'Espagne (278 euros). Des facteurs historiques, culturels, réglementaires sont à prendre en compte. Toujours est-il que le rapport publicité/vente aux lecteurs est inversé entre la France et ses voisins britannique et allemand : 41/59 pour la première et 62/38 pour les seconds. Aux États-Unis, ce ratio monte à 87/13.

Curieusement, le Japon, aux énormes diffusions, connaît la même situation que la France.

Longtemps, les responsables de la presse française se disaient satisfaits d'une situation dans laquelle publicité et vente aux lecteurs seraient équilibrées. Il s'agissait, selon eux, d'un gage d'indépendance face aux annonceurs. Il est possible cependant d'opposer à cette vision deux objections de taille. En premier lieu, un niveau modeste de recettes publicitaires impose de demander davantage de contribution au lecteur, d'où la tendance à voir les journaux français se vendre plus cher. Ce prix élevé limite la diffusion et génère une spirale négative, les annonceurs réduisant encore leur contribution, faute d'audience suffisante des journaux. En second lieu, la fragilité des comptes qui découle de la faiblesse de la contribution des annonceurs peut conduire à davantage de dépendance afin de garder lesdits annonceurs et ne pas voir se dégrader un peu plus l'équilibre économique du journal.

La vente aux lecteurs

Plusieurs formes de vente aux lecteurs interviennent dans les recettes des quotidiens, avec des différences sensibles entre les titres et les traditions nationales. En France, la vente au numéro occupe historiquement une place importante, stimulée par les effets de la loi Bichet qui a constitué une forme de soutien public et collectif à ce mode de commercialisation. Dans l'Hexagone, le kiosque est la forme la plus répandue, alors que la vente à la criée, très contrainte par la réglementation, a quasiment disparu, hormis le cas de *L'Humanité* qui entretient une pratique de « vente militante ». Chez nombre de nos voisins européens (Allemagne, Suisse, etc.), des distributeurs automatiques, voire de simples « boîtes », constituent un complément substantiel du kiosque. Des expériences menées dans ce sens par *Le Parisien*, puis par un groupe de quotidiens nationaux à Paris, ont échoué.

La vente en kiosque ou chez des marchands de journaux (environ 30 000) concentre la très grande majorité des points de vente des quotidiens, alors qu'ailleurs en Europe, elle se voit souvent suppléée par des commerces ayant une autre activité (cafés, boulangeries, etc.). C'est ce qui permet, en Allemagne, de porter le nombre de points de vente à environ 90 000, avec une meilleure disponibilité quant à la localisation et aux horaires. Disponibilité qui est un facteur crucial de vente, sachant qu'elle revêt des caractéristiques particulières pour le quotidien : la précocité le matin, quand les acheteurs partent travailler (avant l'ouverture de la plupart des commerces) ; la localisation, en priorité sur les lieux des déplacements domicile-travail. Une tension apparaît sur ces deux points avec les modes de commercialisation des magazines (devenus dominants en France) qui recherchent des points de vente spacieux et confortables (permettant l'exposition, voire le feuilletage de milliers de titres) plutôt situés dans les zones de chalandise.

La vente par abonnement reste très présente en France, même si elle est moins importante qu'en Europe du Nord. Certains titres comme *La Croix* ou les quotidiens de l'Est, *Dernières Nouvelles d'Alsace* et *L'Alsace*, sont surtout diffusés par abonnement. Cependant, pour le premier il s'agit d'abonnement postal, alors que pour les seconds, la distribution se fait directement à domicile, par « portage ». L'abonnement postal est le moins coûteux et peut s'appliquer quels que soient la localisation et le type d'habitat de l'abonné, du quartier de centre-ville à la maison la plus isolée. Les tarifs sont les mêmes, la seule réserve quant à la qualité du service vient de l'heure de distribution, sinon parfois du jour de distribution. En campagne et dans les départements les moins bien desservis, il est inutile d'espérer lire le quotidien le matin de sa diffusion, ce qui constitue un handicap lorsque les lecteurs accèdent à toutes formes de médias d'information en continu, radio, télévision ou Internet.

L'abonnement porté garantit, lui, une qualité de service à l'acheteur dans laquelle intervient l'heure précoce de sa distribution, à la porte du domicile de l'abonné. Il est en revanche limité à des zones d'habitat dense, dans lesquelles le quotidien est diffusé avec un taux de pénétration suffisant, faute de quoi les coûts de distribution explosent. Car le coût du portage est totalement à la charge de l'éditeur (même si parfois un léger surcoût est demandé à l'abonné). Contrairement à une idée répandue, le portage n'est pas meilleur marché que l'abonnement postal ou la diffusion en kiosque pour l'éditeur ; en revanche, il constitue un service supplémentaire, l'établissement d'un lien direct avec l'abonné, tout en réduisant la tendance à l'occasionnalité de lecture. Ce lien direct avec l'acheteur, les éditeurs peuvent l'utiliser pour offrir des facilités de paiement (à la semaine par exemple, perçu en direct à domicile par le porteur en Allemagne). Il peut aussi être l'occasion d'une distribution publicitaire plus ou moins ciblée (y compris avec des échantillons), comme cela se fait chez des éditeurs scandinaves.

Le développement de l'abonnement, outre la stabilisation de la diffusion, comporte l'avantage d'apports de trésorerie substantiels. Il requiert en revanche le déploiement de stratégies commerciales spécifiques. Il faut disposer, souvent acquérir des fichiers de prospects, mettre au point des mailings d'offres. Le recrutement d'abonnés portés par *Le Parisien* se fait par démarchage au porte-à-porte. *Les Échos* ou *Le Parisien* ont, dans les dernières années, eu recours à des formules d'abonnements gratuits sur plusieurs semaines ou plusieurs mois. Pour le premier, elle s'appuyait sur des fichiers de prospects correspondant aux lecteurs potentiels du titre économique. Pour le second, la démarche correspondait à des quartiers parisiens ou des communes de banlieue. La promotion de l'abonnement passe bien souvent par le recours à des ristournes de tarifs ou la promesse de cadeaux. Dans le cas de publics cibles prioritaires, ces ristournes peuvent être importantes, comme pour les scolaires et les étudiants. L'abonnement au quotidien peut être associé à des « privilèges » ou des services supplémentaires, tels que des services sur Internet.

Le prix des quotidiens

La question du prix des quotidiens est particulièrement sensible en France. Elle est dominée par l'absence de quotidiens très bon marché, comme cela existe chez la plupart de nos voisins du Nord de l'Europe. Or ce sont les éditeurs français, à la suite de Moïse Millaud, qui avaient inventé le « quotidien à un sou ». La Première Guerre mondiale viendra casser cette approche vertueuse pour recourir à des prix concertés par la collectivité des éditeurs, formule qui se prolongera après la Seconde Guerre par une longue période de « prix administrés » fixés par le ministère des Finances jusqu'à 1978. Il devait en découler une double dérive : d'une part, les quotidiens se sont vendus au même prix, enlevant un argument substantiel au quotidien populaire ; d'autre part, le système s'est révélé particulièrement inflationniste, surtout à partir des années 1970. Entre 1970 et 1984, le prix moyen des quotidiens était multiplié par 4, alors que l'indice des prix à la consommation, lui, n'avait été multiplié que par 2,75. Sur une base 100 en 1970, l'indice des prix à la consommation se trouvait à 420,5 en 1985, alors que celui des quotidiens était à 835,9. Cette « dérive des prix » était d'autant plus dangereuse que le poste « livres, quotidiens, périodiques » était, lui, resté stable dans le budget des ménages, passant de 1,5 entre 1977 et 1980, à 1,4 entre 1980 et 1987 [Charon, 1991]. Sans être le seul élément d'explication, il faut noter la coïncidence avec l'un des moments d'accélération du recul de la diffusion des quotidiens, particulièrement de titres populaires tels que *France Soir*.

Un tournant intervient dans les stratégies de titres comme *Ouest France* ou *Le Parisien* au cours des années 1980. Il vise à obtenir progressivement un abaissement du prix par blocage de celui-ci, sur une période longue. La même prise de conscience se manifestera chez Lagardère ou Hersant, lorsqu'ils annoncèrent leur intention de lancer un quotidien populaire « à 2 francs ». La même approche prévaudra encore en janvier 1994, avec le lancement de *InfoMatin*, à 3 francs, entraînant la riposte du groupe Amaury, et une version allégée et nationale du *Parisien*, sous le titre *Aujourd'hui*, au prix de 3,5 francs. Cette approche volontariste était d'autant plus difficile à tenir qu'elle devait faire face à une pression importante des coûts. Il est à craindre que la fin des années 1990 et surtout le passage à l'euro aient coïncidé avec une moindre conviction concernant la vertu des prix bas. Pour les quotidiens populaires comme pour les régionaux, cette moindre vigilance facilite d'autant la concurrence des « gratuits » qui tranchent très radicalement la question.

Les difficultés du travail sur le prix sont compliquées par le fait qu'il n'y a pas, à court terme, d'effets observables d'une diminution ou d'une augmentation de la valeur faciale du journal. Cela tient en premier lieu à ce que le facteur prix n'intervient jamais seul (le contenu, la crédibilité, la présentation, la disponibilité, etc. jouent un rôle essentiel). Des expériences de baisse du

Quotidien de Paris, déjà très affaibli, dans les années 1990, ne feront qu'accélérer sa chute en creusant les déficits, sans apporter de nouveaux acheteurs. La faible réactivité au prix semble d'autant plus marquée en France que le marché des quotidiens est peu concurrentiel, contrairement aux batailles qui ont pu être observées dans les années 1990 entre le *Sun* et le *Mirror* sur le marché britannique. En revanche, par raisonnement, il est frappant d'observer qu'il n'existe aucun pays de forte diffusion de la presse, principalement populaire, à des prix élevés. La difficulté des éditeurs français à jouer sur le prix s'observe à tous les niveaux, car s'ils ne proposent pas de quotidiens très bon marché, ils interprètent souvent les difficultés des quotidiens « haut de gamme » par des prix trop élevés, ce qui n'est pas évident comparativement à nos voisins européens. Quant aux quotidiens économiques, ils sont vendus moins chers qu'en Allemagne ou au Royaume-Uni.

La publicité

Les recettes publicitaires recouvrent plusieurs formes d'annonces et se situent sur différents types de marchés. Il faut d'abord distinguer la publicité de marque, qui prendra la forme d'un message sous forme de placard, recouvrant une part plus ou moins importante de la page. Cette publicité de marque peut être destinée à un public national ou, au contraire, se concentrer sur le public local, d'un quotidien régional ou départemental. Les petites annonces sont la seconde forme de messages publicitaires qui, jusqu'à l'arrivée du Minitel, puis surtout d'Internet, était un peu le monopole de la presse écrite. Les petites annonces peuvent avoir une destination nationale ou simplement locale. Elles donnent lieu à une spécialisation selon le type d'offre. En presse quotidienne, deux segments jouent un rôle particulièrement important en volume et en recettes : l'immobilier et l'emploi (surtout des cadres). Une position de leader sur ces marchés confère un avantage qui tient à l'attraction d'un flux spécifique d'acheteurs et de lecteurs, alors même que l'annonceur recherchera en priorité ledit support. Telle est la situation du *Figaro*, qui constitue pour lui un élément substantiel de sa rentabilité.

Les supports publicitaires interviennent dans un contexte de vive concurrence les uns par rapport aux autres. Il faut d'abord prendre la mesure du développement de supports ou de procédés qui se situent hors des grands médias, ce qu'il est convenu de qualifier de « hors-média ». Sur un chiffre d'affaires total de l'ordre de 30 milliards d'euros, 64,5 % sont investis dans le hors-média (catalogues, prospectus, marketing direct, etc.). La compétition est tout aussi vive entre les « grands médias » : presse écrite, télévision, radio, affichage et cinéma. L'observation des positions de chaque média sur la longue durée fait apparaître logiquement la puissance et la progression continue de la télévision, même si elle arrive encore légèrement derrière la presse écrite, du moins en France (ce qui n'est plus le cas en Italie, par exemple).

Part des principaux médias
(%)

	1970	1996	1999	2002
Presse écrite	71,3	47,3	43	37,1
Télévision	10,3	33,5	34	34,8
Radio	7,3	7	8	13,8
Affichage	9,7	12,4	14	14,3

Source : Institut de recherches et d'études publicitaires (IREP).

Au sein même de la presse écrite, la compétition n'est pas moins vive, les quotidiens se trouvant distancés par les magazines grand public. Ces derniers offrent une qualité de traitement des messages visuels de la publicité de marque, supérieure à celle des quotidiens, certains pouvant se prévaloir de très larges audiences (hebdos télévision) ou de publics extrêmement ciblés, avec des offres tarifaires très affinées. De leur côté, les hebdomadaires gratuits (dont le chiffre d'affaires publicitaire dépasse désormais celui des quotidiens régionaux) drainent vers eux une part substantielle de petites annonces locales qui jadis revenaient presque automatiquement aux quotidiens locaux. La presse professionnelle, de même que les magazines économiques jouent un rôle équivalent à propos des annonces d'emplois pour les quotidiens nationaux. Enfin, des magazines d'annonces spécialisés dans l'immobilier, les vacances et loisirs attaquent les positions des quotidiens, surtout « haut de gamme ».

Concernant les petites annonces, la question se pose de la montée de la concurrence de l'Internet. Aux États-Unis, des groupes tels que Tribune justifient leur investissement sur le Net par la volonté de « garder leurs petites annonces » par des offres couplées. Enfin, au sein du hors-média, le marketing direct (32 % du chiffre d'affaires publicitaire global), est constitué à 67 % par les postes « imprimés sans adresse » (distribution de prospectus toutes boîtes, etc.) et « mailings et catalogues », qui constituent une concurrence redoutable pour les quotidiens locaux, notamment vis-à-vis des annonceurs de la grande distribution (avec la multiplication des catalogues distribués régulièrement dans les boîtes aux lettres). Des masses incomparablement plus importantes que ce que pourraient espérer les télévisions locales si elles se voyaient autorisées à collecter les annonces de ce secteur.

**Répartition des investissements publicitaires
entre formes de presse**
(% rapportés aux investissements publicitaires globaux.
Investissements nets 2002)

	Millions d'euros	Parts de marché
Quotidiens nationaux	309	1,1
Quotidiens régionaux	749	2,6
Total quotidiens	1 058	3,7
Magazines	1 647	5,6
Hebdomadaires locaux	75	0,3
Presse professionnelle	546	1,9
Presse gratuite (hebdomadaires)	820	2,8
Collectivités locales	202	0,7
Total médias	10 399	35,5
Total hors-médias	18 887	64,5
Total marché	29 286	100

Source : France Pub-IPEP.

Dans la concurrence avec les autres médias, voire le hors-média, la presse quotidienne connaît des handicaps. Au premier rang de ceux-ci figure, en France, la faiblesse des audiences des titres, incomparablement plus faibles que celles des télévisions, voire de certains magazines. Sur ce point, le développement des gratuits et les audiences qu'ils génèrent pourraient modifier la donne. À cette faiblesse des audiences vient s'ajouter le fait qu'elles sont généralistes (tout public et s'intéressant à un large éventail de domaines). Dans ces conditions, le média apparaît beaucoup trop atomisé, avec des dizaines de titres aux tarifs, formats, qualités de papier et d'impression différents. D'où le reproche d'une trop grande complexité, pour toucher une audience généraliste qui peut être atteinte avec deux ou trois négociations en télévision. Les réponses apportées par les éditeurs sont de deux ordres : accroître les audiences commercialisées par différentes formes de couplage (vente groupée de l'espace de plusieurs quotidiens, éventuellement associés à des magazines, tels que les news) ; simplifier la négociation en unifiant les tarifs, les formats, les caractéristiques techniques. Le regroupement dit du « 66 × 3 » en presse quotidienne régionale combine les deux volets : l'audience de soixante-six quotidiens locaux vendue en une fois, selon une grille tarifaire unifiée, pour trois insertions aux caractéristiques garanties. Il n'est cependant pas certain que la créativité soit ici à la hauteur des défis, face à des médias beaucoup plus puissants tels que la télévision, ou plus évolutifs et agressifs tels que les magazines.

Le rôle des régies publicitaires

La « vente de l'espace » du support publicitaire que constitue le quotidien est le domaine de la « régie ». Celle-ci peut être intégrée à l'entreprise elle-même, formule que privilégient la plupart des quotidiens anglo-saxons ou de nos voisins européens. En France s'est imposée très tôt, sous l'impulsion de Havas, une formule de sous-traitance, la « régie externe », qui valorise son rôle par sa capacité à opérer des couplages de titres de même nature, sans compter ses connaissances du marché, ses méthodes de travail. Dans les années 1980, cette formule sera fortement ébranlée, se voyant reprocher un manque de pugnacité ou de capacité à valoriser suffisamment les performances ou les caractéristiques propres d'un titre. Le groupe Hersant développera de son côté, avec Publiprint, ses propres régies pour chacune de ses formes de titres (quotidiens nationaux, quotidiens régionaux, etc.). Le groupe Amaury renforcera le rôle de Manchette Publicité, alors que nombre de grands régionaux s'emploieront à réintégrer leur régie locale, ne s'en remettant à un tiers que pour leur publicité « extra-locale ».

Les compétences des régies publicitaires sont triples : la première très « technique » est faite de l'exploitation des données d'étude du public (audience, études qualitatives, etc.), afin d'étayer « scientifiquement » les argumentaires de vente. Elle intègre également des données de connaissance des principaux secteurs économiques annonceurs. Des outils de suivi (banques de données) permettent de suivre les performances de chaque titre et de chaque média, secteur par secteur, taille d'entreprise par taille d'entreprise, etc. La seconde est tarifaire, il s'agit d'adapter — au plus près des performances du titre et de l'état du marché — la grille tarifaire et les conditions de sa mise en œuvre. La troisième est strictement commerciale, reposant sur des vendeurs, spécialisés par secteur économique ou type de clients (taille des annonceurs). Il faut ici insister sur le fait que l'activité de régie de presse a de fortes spécificités, ne serait-ce que par le nombre d'annonceurs concerné (12 000 différents, contre un peu plus de 1 500 pour la radio et un peu moins de 800 pour la télévision), la complexité des grilles tarifaires et offres, la finesse possible des données concernant le lectorat. Ce qui relativise sensiblement la pertinence des discours sur la diversification multimédia, dont l'un des atouts serait la synergie au niveau des régies publicitaires.

Le marketing

Confrontées à des difficultés chroniques tant en ce qui concerne leur diffusion que leurs recettes publicitaires, les entreprises de presse quotidienne auraient pu faire appel au marketing. C'est le tournant qu'avaient opéré les éditeurs de magazines à partir des années 1960. Rien ne se produisit pourtant jusqu'aux années 1980. Les résistances étaient multiples et très ancrées : la presse quotidienne française valorisait particulièrement l'idée de journaux porteurs d'un message, d'un point de vue, sinon d'une opinion. Dans cette vision intervenaient l'intuition, le sens de l'information et du public, le « pif » de l'éditeur ou du responsable de la rédaction. L'adéquation entre le quotidien et son public devait découler de la sensibilité des journalistes au monde qui les entourait, dont le public est une composante. À l'inverse, l'idée d'une presse « suiviste » à l'égard des goûts ou des attentes du public était très dévalorisée, sans parler de ce repoussoir que constitueraient des journaux dépendants des attentes de leurs annonceurs.

Ce n'est qu'à partir des années 1980 que les groupes Amaury, Bayard, *Ouest France* ou *Sud Ouest* joueront un rôle de précurseur. *Le Monde* créera son premier poste de responsable du marketing à la fin de la décennie, se gardant bien de l'intituler explicitement « marketing » afin d'éviter le rejet par la rédaction. En deux décennies, la situation a sensiblement évolué dans nombre d'entreprises. Un certain retard et une frilosité perdurent cependant à l'égard de la discipline, en comparaison de sa pratique en presse magazine. Il y a moins de développement des études, surtout qualitatives ; moins de demandes du management et surtout de la direction éditoriale ; sans parler de la faiblesse des effectifs et des budgets alloués. Le marketing reste largement cantonné au strict domaine commercial ou publicitaire.

Le marketing relève de *quatre fonctions clés*. Les registres d'intervention du marketing dans la stratégie du quotidien sont pourtant divers et cruciaux. En premier lieu figure l'enrichissement constant de la connaissance du public par l'exploitation des études existantes (audience), ainsi que le développement d'études spécifiques concernant la relation du lecteur à l'égard du journal (études vu/lu, groupes, etc.). Le groupe Amaury développera ainsi des études en vue de l'adaptation de l'écriture du *Parisien*, mettant au point un ratio entre « temps de lecture utile » (effective d'un lecteur moyen) et « temps de lecture théorique » (nécessaire à la lecture complète du journal). Cette connaissance du lectorat s'insère dans un environnement plus large d'approches de la société française s'appuyant sur l'exploitation d'études plus générales sur l'évolution des styles de vie, les pratiques culturelles, les loisirs et la consommation.

Le second grand registre prend la forme de l'analyse de l'univers de concurrence du quotidien, vis-à-vis des autres quotidiens et surtout des autres médias. Cela inclut l'analyse comparée des pratiques d'information comme de loisir du public français. À partir de ces analyses s'imposeront progressivement l'appréciation du poids et la nature de l'offre de la presse magazine, alors que jusque-là les éditeurs étaient obnubilés par la concurrence de la télévision. L'évolution des mentalités sera influencée par les observations des stratégies et des contextes médiatiques chez nos voisins européens, voire aux États-Unis ou au Japon. La direction du *Parisien* multipliera au début des années 1980 les voyages d'étude en Europe comme en Amérique du Nord. Au début des années 1990, une étude sera codirigée par le SPP (syndicat de la presse parisienne) et le SJTI (Service juridique et technique de l'information et de la communication), visant à comparer les situations, les contenus des quotidiens et les stratégies des éditeurs dans plusieurs pays européens. De leur côté, les quotidiens régionaux commanditeront un travail similaire, avec missions d'étude à l'étranger et publication d'un ouvrage dirigé par Jean-François Lemoîne, PDG de *Sud Ouest*, en 1992 : *L'Europe de la presse quotidienne régionale*.

Le troisième grand apport du marketing concerne le prix : le prix au lecteur et le prix de l'espace publicitaire. Pour ce qui est du prix au lecteur, une prise de conscience s'opérera selon laquelle le prix des quotidiens est trop élevé, surtout pour la presse populaire. Sur le plan publicitaire, il s'agissait de mettre en évidence les contraintes nées de la concurrence des autres médias. Progressivement s'imposera, là aussi, la perception d'un coût trop élevé de l'espace publicitaire du quotidien. Il fallait rompre avec des conceptions très ancrées dans les rédactions, voire des directions, selon lesquelles il fallait « faire payer le plus cher possible » un espace publicitaire qualifié de « pollution » ou de « mal nécessaire ».

La stratégie commerciale proprement dite constitue le quatrième registre du marketing. Elle passait par une analyse du réseau de distribution, vente en kiosque et différentes formes de magasins, ainsi que de formes peu développées, en France, telles que le « portage », les distributeurs automatiques ou la vente à la criée. Plusieurs expériences firent long feu sur ces dernières formes. En revanche, le marketing a eu un impact certain sur le développement du portage, notamment au *Parisien* ou à *Ouest*

France. Sur le plan publicitaire, un travail comparable conduisit à la conception de nouvelles offres, telles que le « 66 × 3 » pour les régionaux. Enfin, le marketing met l'accent sur l'importance de la promotion des titres, individuellement ou collectivement. Il n'est pas pour rien dans le développement d'un courant en faveur de la publicité télévisée, y compris pour les quotidiens.

Le management

L'originalité et la difficulté du management de presse quotidienne tiennent à l'obligation de combiner des activités et des compétences dans des domaines extrêmement différents : intellectuel et sociopolitique (journalistes), commercial (vente aux lecteurs et publicité), industriel et technologique (impression et réseaux), logistique (réseaux de correspondants, flotte de véhicules de distribution, équipes de porteurs, etc.), gestion des relations sociales (avec des effectifs importants de journalistes, d'ouvriers, de commerciaux, etc.). Il ne saurait y avoir de management de presse quotidienne qui n'articule pas d'une manière ou d'une autre le sens de l'information (place du quotidien dans la vie politique, sociale, culturelle, économique, etc.) ; une certaine forme de créativité ou d'attention à la créativité face aux impératifs de renouvellement et d'innovation plus rapide ; un dynamisme commercial tant en direction du public que d'un marché publicitaire ; une autorité et une compétence dans la mise en œuvre des activités de fabrication, face à des impératifs renforcés de qualité et de productivité ; une rigueur de gestion et de maîtrise des données financières, économiques, marketing, etc. dans un contexte extrêmement tendu d'équilibre des comptes et de difficultés à se ménager des marges de développement.

Au fil des décennies, des styles, voire des modes de management se sont succédé à la tête des entreprises. Il y eut les journalistes, hommes du contenu, de Pierre Lazareff à Serge July. Il y aura aussi des « industriels », sinon des « techniciens », convaincus de trouver dans les innovations technologiques les moyens de dépasser les difficultés des quotidiens. L'entourage de Robert Hersant fut typique de cette tendance. En réaction

devaient émerger des hommes du marketing et du renouvellement gestionnaire. Philippe Amaury et nombre de ses proches
collaborateurs en furent l'illustration, tout comme Jean-
François Lemoîne à *Sud Ouest*. Les sirènes de la publicité purent
aussi séduire des managers impressionnés par les performances
de la presse magazine. Il y en eut là aussi aux côtés de Robert
Hersant. L'existence de tels styles, tant qu'ils ne marquent
qu'une dominante dans les priorités, ne pose pas forcément
problème. Il en alla tout autrement lorsqu'ils conduisirent à
ignorer le cœur même de la compétence du management de
presse qui ne peut être que l'éditorial, le rédactionnel, au risque
d'une perte de substance et de pertinence dans un contexte de
concurrence qui se joue moins désormais entre quotidiens que
face aux informations radio du matin, au 20 heures des chaînes
généralistes, sans compter l'omniprésence des fils des radios et
télévisions en continu, comme de l'Internet.

La *gestion des relations sociales* revêt aujourd'hui une dimension particulièrement importante. Le management de presse
quotidienne est très contraint par le poids et souvent aussi la
rigidité des relations sociales. L'entreprise de presse quotidienne,
intégrée verticalement, comprend des effectifs très importants au
regard de son chiffre d'affaires. Le groupe Amaury, par exemple,
emploie 3 500 personnes pour un chiffre d'affaires d'un peu plus
d'un demi-milliard d'euros, soit à peu près le même effectif que
celui du groupe TF1, mais là pour plus de deux milliards et demi
d'euros. Un groupe comme Sud Ouest emploie, lui,
2 437 personnes. Le seul quotidien *Ouest France* est fort de
presque 2 000 personnes, et c'est sans compter les effectifs des
collaborateurs extérieurs, qu'il faut cependant gérer et encadrer,
à commencer par les correspondants — 2 700 pour le quotidien
de Rennes — et les porteurs à domicile.

Une seconde difficulté tient à la diversité des spécialités et des
statuts : les journalistes bénéficient d'un statut et de leur propre
convention collective. Les questions d'évolution de carrière et de
formation dont ils relèvent sont spécifiques, parfois compliquées (notamment en presse régionale). Les commerciaux sont
les moins réglementés et relèvent de modes de rémunération et
de gratification liés à leurs performances. Pour les ouvriers intervient un mode de négociation très formalisé, surdéterminé par

des discussions et des accords passés au niveau national, dont les modalités d'application doivent ensuite s'adapter localement dans chaque entreprise. À ce niveau, le syndicat du livre, surtout au niveau parisien, joue un rôle historiquement très particulier. Les conditions de ces négociations ont été d'autant plus difficiles pour les ouvriers que, en un peu plus d'une décennie, l'essentiel de leurs qualifications se trouvait dissous par les mutations technologiques, alors même que leurs effectifs pouvaient régresser massivement et rapidement.

La question des relations avec le personnel ouvrier constitue un problème à part entière, tant il est marqué par la rigidité, le formalisme et le poids de l'histoire, des pratiques et de la sociologie, hors norme du syndicat du livre. Le monopole d'embauche comme de la formation du syndicat lui-même entre en résonance avec la fierté de professionnels, aux qualifications très particulières, qui se vivaient comme une élite ouvrière. Elle se combine avec des conditions d'emploi (horaires) et de rémunération atypiques alors que, précisément, les anciennes compétences (mécaniques, travail à la main, manutention) laissent la place aux nouvelles (informatique, réseaux numérisés, robots, etc.). Le tout dans un contexte où les rémunérations sont décalées avec des qualifications comparables dans d'autres secteurs, voire au sein du journal (vis-à-vis des journalistes ou des personnels de bureau, utilisant les mêmes matériels et réalisant des opérations comparables). Il en est de même des effectifs qui pourraient diminuer sensiblement, sans qu'il soit facile de gérer des requalifications et évolutions d'activité, hors de la fabrication pour les anciens ouvriers en surnombre. Toute erreur d'appréciation dans des relations sociales très personnalisées (avec l'encadrement syndical local et national) est d'autant plus préjudiciable que le quotidien est extrêmement vulnérable à tout arrêt de travail. L'engagement d'épreuves de force peut conduire à des conflits aux effets aussi ravageurs que ceux qu'a connus *Le Parisien* dans les années 1975-1977, lui coûtant la moitié de sa diffusion. Inversement, l'acceptation de conditions d'emploi répercutant insuffisamment les performances des nouvelles techniques entraîne un retard prolongé dans l'amélioration nécessaire de productivité.

Le développement

Face à un média qui paraît stagner, voire reculer sur plusieurs marchés ou vis-à-vis de certains publics, quelle stratégie de développement mettre en œuvre ? Force est de constater que, dans les années 1980 et 1990, en France, comme dans nombre de pays européens, deux grandes options vont tenir une large place : la concentration et la diversification. La première s'inspire largement de l'exemple des « chaînes de presse » nord-américaines, certaines d'entre elles, tel Gannett, faisant irruption sur le marché britannique de la presse locale. La seconde a été d'autant plus active qu'intervenaient simultanément deux facteurs : l'arrivée de nouveaux médias (télématique, puis Internet) et l'ouverture au privé de la radio et de la télévision.

Concentration

Le mouvement de concentration s'amorce relativement tôt face à une tolérance des pouvoirs publics qui renoncent à l'application des « ordonnances de 1944 » sur ce point. Les rachats de titres vont d'abord se présenter comme des réponses inévitables à l'atomisation excessive de la presse quotidienne, découlant de la politique d'autorisation des commissaires de la République. Des titres régionaux, plus solides, reprennent leurs voisins affaiblis. C'est ainsi qu'un titre comme *Sud Ouest* rachètera *La France*, *La Charente libre*, *L'Éclair des Pyrénées*, *La République des Pyrénées*, etc. [Gayan, 1990]. À chaque fois, le motif invoqué est celui du risque de disparition d'un quotidien. Ce mouvement conduira à cette structure typique dite des « baronnies de province » autour de titres comme *La Dépêche du Midi*, *Le Provençal*, *Le Progrès de Lyon*, *La Montagne*, etc.

Cette étape initiale de concentration laissera sa place à celle que Robert Hersant conduira avec détermination. Il ne s'agit plus d'étoffer quelques situations locales, mais de construire un groupe national dans lequel de très nombreux quotidiens locaux, régionaux et nationaux s'épauleront, sur le modèle de la presse américaine. Les maîtres mots sont alors synergie, économies d'échelle et effets de taille ; les synergies et économies d'échelle doivent permettre de réduire les coûts à tous les niveaux : collecte de l'information, en fusionnant les réseaux de correspondants pour les régionaux, les correspondants à l'étranger pour les nationaux. Au sein des rédactions, des services communs à plusieurs titres pouvaient être imaginés. Il y aura ainsi la tentative de créer une agence d'information intégrée (l'AGPI : Agence générale de presse et d'information). Pour la fabrication, des centres d'impression pouvaient être regroupés en région et assurer l'impression décentralisée de nationaux. Les régies publicitaires permettaient d'abaisser les coûts de recherche de clients et de transaction. Et sur ce point apparaissait l'effet de taille : la crédibilité d'un groupe capable de vendre l'audience de dizaines de titres ne pouvait être que supérieure. Tout comme les relations avec les fournisseurs de papier, les fabricants de matériel, les développeurs de logiciels, etc.

Sur le papier, le modèle paraissait vertueux, au détail près qu'il heurtera par le recul du pluralisme et de la diversité auquel il conduisait. Cela aboutira d'abord à une forme de guérilla avec les syndicats de journalistes, la gauche politique, le gouvernement d'Union de la gauche (1981-1986), avec un coût assez difficile à évaluer. Cela sera surtout mal vécu par une très grande part du lectorat qui y trouvera un appauvrissement de l'offre et de l'intérêt des journaux, avec des pertes considérables de leur diffusion. Est-ce à dire que le modèle est inadapté à un pays comme la France, vu sa structure de presse, son histoire, sa sociologie ? Il est possible en effet que le modèle nord-américain soit peu adapté. Sa mise en œuvre a pu aussi être mal conçue, avec, de la part du groupe Hersant notamment, un investissement dans l'éditorial insuffisant et la valorisation de la dimension purement journalistique, tout comme dans la commercialisation en direction des lecteurs. Il faut surtout s'interroger sur les limites des effets de synergie et d'économies d'échelle en matière de presse quotidienne, contrairement à des médias comme la presse magazine ou l'audiovisuel.

Les situations européennes, notamment allemande, suisse, britannique, etc. permettent d'observer une autre forme de concentration de la part de quotidiens (*Guardian*, *Frankfurter Allgemeine Zeitung*, groupes Springer, Ringier, Édipresse, Prisa, etc.) ceux-ci associant des formes de quotidiens différents autour d'un quotidien leader, ainsi que des participations dans quelques magazines, de l'édition de livres, de la radio ou de la télévision. C'est également la démarche initiale du groupe Bayard autour de *La Croix*, ou plus récemment celle à laquelle s'est rallié *Le Monde*. L'idée est, tout en respectant une forte autonomie de chaque forme de presse, de chaque média et de chaque activité, de compenser les phases de fragilité des quotidiens (récessions publicitaires, tension sur le pouvoir d'achat des lecteurs) par les apports de ressources de médias, ressources moins cycliques, et une structure de production moins rigide. Sans compter que nombre de ces médias partenaires peuvent avoir des rentabilités et perspectives de développement bien supérieures. Cette forme de concentration, qui introduit à la question de la diversification, n'est vertueuse que conduite avec modération (dans la taille) et avec le plus grand respect des spécificités de chaque média et activité, sans les soumettre aux uniques besoins, exigences et visions stratégiques du quotidien.

Diversification

Contrairement aux États-Unis ou au Japon, les entreprises de presse quotidienne se sont très peu posé la question d'une diversification « plurimédia » avant la seconde moitié des années 1970. Pour nombre d'entre elles, la première interpellation allait venir des « nouveaux médias » électroniques et informatiques, avec la question des banques de données grand public (à l'image du *New York Times* avec NYTIS), du télétexte et du vidéotex (le Minitel pour la France). Hormis le cas de la France, cette première opportunité tournera court, vu les difficultés rencontrées notamment par le *New York Times* (contraint de revendre ses banques de données au groupe Mead), ainsi que l'échec assez général de l'utilisation grand public de la télématique.

Une seconde impulsion devait intervenir, concernant cette fois-ci les transformations de l'audiovisuel. Aux États-Unis, il s'agissait de saisir l'opportunité représentée par les réseaux câblés, à très grande capacité (plusieurs centaines de canaux) avec la question du développement de canaux d'information. En Europe, il s'agira simultanément du lancement de la télévision par câble et de l'abandon des monopoles publics sur la radio et la télévision (inauguré par l'Italie). Dans le cas de l'Europe, l'intérêt des entreprises de presse quotidienne fut d'autant plus fort que celles-ci avaient le sentiment d'avoir été exclues, pour des considérations politiques et juridiques, du développement de la radio et de la télévision, médias à fort développement dans lequel la rentabilité paraissait extrêmement prometteuse. Pour beaucoup de dirigeants existait aussi le souhait d'être les acteurs d'un véritable pluralisme de l'information, là où prévalait, jusqu'alors, une information unique, parfois trop proche des gouvernements.

Une troisième étape interviendra dans les années 1990 avec le développement de l'Internet et de la place que pouvait y jouer la presse en général, et quotidienne en particulier, s'agissant d'un média écrit pouvant véhiculer de l'information chaude. La presse américaine se lança très vite dans l'aventure. Il fallut attendre davantage en Europe et tout particulièrement en France. Cette étape de diversification est toujours en cours. Elle devait cependant souffrir très sensiblement de l'« éclatement de la bulle Internet » au début des années 2000, avec la question très délicate de la rémunération des services et applications, surtout lorsqu'il s'agit d'information et d'actualité.

Dans ses grandes lignes, la vision qui a prévalu, dans les entreprises de presse quotidienne, en matière de diversification, au moins dans une première période, n'est pas très différente de celle de la concentration. Il s'agirait là encore de profiter de possibilités de synergies au niveau rédactionnel comme au niveau publicitaire. Un journaliste pourrait produire la même information pour plusieurs supports, moyennant une formation technique. Une enquête comme un dossier pourraient avoir un débouché tant dans le quotidien qu'en radio ou en télévision, sans parler d'un prolongement ou un « développement » sur Internet. Quant aux régies publicitaires, elles pourront demander à leurs vendeurs d'espace de commercialiser plusieurs médias ensemble, proposer des tarifs combinant plusieurs supports, revendiquer des audiences d'autant plus puissantes qu'elles cumulent celles de plusieurs médias alliés au sein d'une même entreprise.

Le schéma est séduisant, mais extrêmement difficile à mettre en œuvre et sur bien des points inapplicable. Bien sûr, News

International réussira sur plusieurs continents (Europe, Amérique du Nord, Asie) une telle combinaison. Il s'agit cependant d'une exception qui tient tout autant à l'intuition de Ruppert Murdoch qu'à l'indépendance qu'il saura garantir dans le développement de chaque média. À l'échelle espagnole, Prisa saura également trouver les bons partenaires pour combiner le développement de *El Pais*, avec une montée en puissance dans la radio (Ser) et la télévision (Canal +). Ce sera toujours le fruit de choix très maîtrisés dans des rachats ou des partenariats, là encore avec le respect de la plus grande autonomie de chaque activité. Tous les autres, en Italie (Rizzoli, Mondadori), en Allemagne (Springer), en France (Hersant), échoueront lourdement face à des concurrents souvent « nouveaux venus » (Berlusconi, Baudecroux, Bouygues, etc.) qui s'emploieront à développer la nouvelle activité uniquement pour elle-même, avec une agressivité bien supérieure. À l'heure des bilans, l'addition des échecs ou insuccès est lourde. Parfois, les pertes cumulées handicaperont profondément les entreprises. Dans bien des cas, la diversification paraît avoir occulté les vraies priorités et urgences concernant le développement des quotidiens eux-mêmes, tant du point de vue du contenu que de celui de la commercialisation.

V / Les principaux acteurs

Il existe une spécificité des opérateurs économiques qui dominent la presse quotidienne, qui les distingue des groupes de
communication. Qu'il s'agisse de groupes ou d'entreprises indépendantes, cette singularité repose sur le traitement totalement
intégré de l'information, de sa collecte à sa diffusion. Des variantes
existent qui peuvent conduire à sous-traiter, ici la distribution,
ailleurs l'impression, etc., mais fondamentalement le modèle de
l'entreprise de presse quotidienne repose sur une économie intégrant l'essentiel des phases de traitement-fabrication. Les « chaînes
de presse » américaines, ces groupes géants que sont Gannett,
Knight Ridder ou Tribune, sont particulièrement illustratives du
phénomène puisqu'elles peuvent posséder leurs forêts, en amont
de la fabrication du papier, jusqu'à l'organisation-gestion de la
vente, par portage ou dans des points de vente spécifiques.

La situation internationale

Des variantes nationales existent, selon les traditions de
presse, les structures socio-économiques : aux États-Unis,
l'étendue des territoires et la forte décentralisation du pays ont
favorisé un modèle de groupes possédant de très nombreux
titres, principalement locaux, hormis quelques cas tels que *USA
Today* (Gannett), le *Wall Street Journal* (Dow Jones), etc. Nombre
d'entre eux ne diffusent que quelques dizaines de milliers
d'exemplaires. Gannett regroupe cent un quotidiens qui

trouvent la plus grande part de leur information (hormis la locale *stricto sensu*) auprès d'une « agence d'information intégrée ». Le groupe coordonne et harmonise l'ensemble des méthodes de gestion et d'organisation des titres du groupe, des méthodes de contrôle de gestion aux types de moyens techniques utilisés (rotatives, réseaux informatiques rédactionnels, etc.) en passant par le marketing. Faut-il y voir par exemple l'une des motivations au rachat de Gallup, le célèbre institut de sondage, dans les acquisitions déjà relativement anciennes du groupe ? Cela n'interdit pas à Gannett comme à ses principaux concurrents d'être présents dans la télévision locale (avec vingt et une stations couvrant près de 18 % des États-Unis) ou différentes formes de périodiques, sans parler d'une multiplicité d'entreprises de services (commerciaux, informatiques, etc.), mais il s'agit là d'activités filialisées, largement autonomes.

L'exemple de Gannett est intéressant parce qu'il permet de comprendre comment le groupe s'est appuyé sur sa structure pour créer, dans les années 1980, le premier quotidien national des États-Unis, élargi aux communautés d'expatriés à travers le monde (dans soixante pays), *USA Today*. Celui-ci, dont la diffusion avoisine les 2,3 millions d'exemplaires, voit sa rédaction partagée avec celle de l'agence d'information intégrée du groupe, alors même que sa fabrication est décentralisée dans quelques-uns des plus puissants centres d'impression de ses quotidiens locaux, en dehors de partenariats passés avec d'autres quotidiens en Amérique du Sud, en Europe ou en Asie.

À l'inverse, les groupes de presse japonais sont organisés autour d'un quotidien géant, tels le *Yumiuri Shimbun* ou le *Asahi Shimbun*, dont les différentes éditions dépassent les 10 millions d'exemplaires quotidiens. Ces géants ont, dès les années 1950, construit à leur côté les principales chaînes de la télévision privée nippone, dans des filiales totalement autonomes. Leurs activités ont également débordé largement la stricte activité d'information et de presse en jouant souvent un rôle moteur dans la vie sociale et culturelle du pays. Le groupe Asahi étant souvent considéré comme l'un des principaux moteurs de l'activité culturelle et artistique de l'archipel, se substituant largement à un ministère de la Culture qui n'existe pas à proprement parler.

En Europe, des modèles de groupes très divers peuvent être observés : la presse allemande est dominée par le puissant groupe Springer Verlag, éditeur du principal quotidien populaire et national, le *Bild Zeitung* (4 millions d'exemplaires), et par un quotidien « haut de gamme », « supra-régional » édité à Hambourg, *Die Welt*, auquel il faut ajouter le *Berliner Morgenpost*. Il cohabite avec des entités souvent centrées sur un « supra-régional » (dont la diffusion dépasse le *Land* dont est originaire le titre), parmi lesquelles émergent Süddeutscher Verlag (autour de la *Süddeustche Zeitung* de Munich), FAZ (autour de la *Frankfurter Algemeine Zeitung* de Francfort), *Westdeutscher Allgemeine Zeitung*, etc.

Les groupes de quotidiens du Royaume-Uni sont largement internationalisés depuis déjà de nombreuses décennies, à la manière du leader News International, propriété de Rupert Murdoch (australo-américain), éditeur du principal quotidien populaire, le *Sun* (3,6 millions d'exemplaires), comme de l'un des fleurons de la presse « de qualité » — dit-on outre-Manche — le *Times*. Face à lui, le groupe Trinity Mirror tente d'enrayer le recul du second populaire, le *Daily Mirror* (2,1 millions d'exemplaires), sachant que, après diverses fusions et prises de contrôle, il se trouve associé à quelque 240 titres locaux. Dans cette même presse locale, l'Américain Gannett a fait son apparition en 1999, rachetant Newsquest, propriétaire de quelque 130 titres. Les mouvements de capitaux et de structures sont extrêmement rapides. Des groupes entiers de titres locaux ont été cédés plusieurs fois au cours d'une décennie ; c'est ainsi que, de 1997 à 2002, plus de 650 transactions devaient affecter des quotidiens régionaux britanniques [Sergeant, 2004]. Cela n'empêche pourtant pas quelques entreprises telles que Guardian Media Group de tenter de construire des structures stables et indépendantes, autour du titre phare (398 000 exemplaires) qui s'est entouré de *The Observer* ainsi que d'une quarantaine de quotidiens locaux.

L'Europe du Sud n'a pas donné naissance à des groupes de taille comparable. Il n'existe pas de quotidiens populaires d'information générale. Les situations italienne et espagnole sont assez différentes, puisque les principaux quotidiens italiens, « haut de gamme », historiquement installés au nord, sont contrôlés par des groupes industriels étrangers à la communication. *La Stampa* (Turin) est ainsi la propriété de la Fiat, alors que le groupe Corriere-Rizzoli (*Corriere della Serra*) se trouve lui aussi entre les mains d'intérêts industriels. *La Repubblica*, créée avec succès dans les années 1970, premier véritable quotidien national, installé à Rome avec des éditions régionalisées et l'appui d'un capital « propre » (non industriel), n'a pu empêcher une prise de contrôle par la famille Benedetti.

La presse espagnole connaît un tournant décisif à la fin du franquisme, au milieu des années 1970. Devait s'ensuivre la création de nouveaux groupes, à commencer par Prisa, éditeur de *El Pais*, dans la presse nationale. Grupo Godo (*La Vangardia*) connaît également un dynamisme significatif en Catalogne, alors même qu'au Pays basque, Bilbao Editorial, spécialisé dans les quotidiens locaux, prenait son envol. Bien que ne connaissant plus de progression sensible de la diffusion de leurs titres depuis les années 1990, les groupes espagnols manifestent un grand dynamisme et une excellente rentabilité, ce qui les rend très attentifs aux opportunités de développement à l'étranger : le groupe Prisa, qui fut l'un des principaux actionnaires de *The Independent* en Grande-Bretagne, fait une entrée significative dans le capital du *Monde* en 2005. Bilbao Editorial est présent dans *Sud Ouest*. Prisa comme Godo ont su, par ailleurs, profiter de la libéralisation de l'audiovisuel, Prisa étant propriétaire du principal réseau de radio la SER, et actionnaire de Canal + Espagne.

Les principaux opérateurs français

Dassault-Socpresse

La Socpresse est issue du groupe construit par Robert Hersant. Celui-ci comprend dès les années 1970 une composante de quotidiens nationaux (*Le Figaro, France Soir, L'Aurore, Paris Turf*) ainsi qu'une composante de quotidiens régionaux avec des titres tels que *Le Progrès de Lyon, Le Dauphiné libéré* ou *Nord Éclair*. Robert Hersant construira parallèlement un second groupe, France Antilles, exclusivement composé de quotidiens locaux, tels *Paris Normandie, L'Union de Reims* ou *Les Dernières Nouvelles d'Alsace*, restés la propriété de la famille Hersant. La Socpresse, en revanche, confrontée au surendettement et au recul de la diffusion de ses titres, devra, surtout après la mort de Robert Hersant, se recentrer en presse nationale sur *Le Figaro* (et ses suppléments magazine) et *Paris Turf*, alors qu'en presse régionale subsistaient un pôle Rhône-Alpes (*Progrès, Dauphiné, Bien public*), un pôle ouest (*Presse Océan, Courrier de l'Ouest, Maine libre*) et un pôle nord (*La Voix du Nord* et *Nord Éclair*). À l'international, il devra abandonner ses positions en Europe de l'Est, comme en Espagne, pour se maintenir en Belgique avec 40 % du groupe Rossel (*Le Soir de Bruxelles*).

Le changement de l'actionnariat, dans la période 2002-2004, conduit à une rectification substantielle du périmètre du groupe : en 2002, Serge Dassault rachète les participations de plusieurs fonds de pension dans la société éditrice du *Figaro*, soit 30 % de celle-ci. La même année, il avance à la Socpresse plus de 200 millions d'euros pour racheter les groupes L'Express-L'Expansion et L'Étudiant à Vivendi Universal Publishing. En juin 2004, face à l'incapacité à rembourser ledit emprunt et à la volonté de vendre des héritiers de Robert Hersant, Serge Dassault rachète les parts de ces derniers, se portant à 82 % du capital. Le nouveau groupe Dassault-Socpresse intègre les titres de Dassault communication comprenant quelques hebdomadaires locaux de région parisienne, ainsi que Valmonde (*Valeurs actuelles, Le Journal de la finance*, etc.). Le chiffre d'affaires du nouveau groupe se situe autour de 1,5 milliard d'euros, l'investissement fait par Serge Dassault s'élevant à 1,2 milliard d'euros.

Il est à noter que, contrairement aux commentaires, loin de conduire à une montée en puissance de la taille du groupe, ce rachat éloigne la Socpresse du seuil de 30 % de la diffusion des quotidiens avec lequel le groupe avait flirté durant les années 1990. Au contraire, c'est plutôt une accélération du recentrage qui est engagée avec les cessions, dès 2005, de *Paris Turf* à un fonds de pension, des journaux de l'ouest à *Ouest France*, du pôle Rhône-Alpes à Candover (fonds d'investissement), etc. Le groupe pourrait alors essentiellement s'appuyer d'un côté sur *Le Figaro* et de l'autre sur un pôle de magazines à dominante « actualité et économie ».

Lagardère Media

La présence de Lagardère Media dans la presse écrite est multiforme, fruit du rôle historique du groupe Hachette (dont

Jean-Luc Lagardère prit le contrôle en 1980). Il s'agit d'abord de la distribution avec Hachette Distribution Service (soit 58,5 % du chiffre d'affaires, largement internationalisé). Le second grand secteur est celui des magazines avec Hachette Filipacchi Media et sa régie publicitaire Interdéco. Le troisième, celui des quotidiens, a connu bien des vicissitudes au cours des dernières décennies. Hachette ne sut pas enrayer le déclin de *France Soir* dans les années 1970 avant de le céder. Il renoncera également au lancement d'un nouveau quotidien populaire dans les années 1980 ; de la même manière qu'il cédera *Les Dernières Nouvelles d'Alsace* au groupe France Antilles au début des années 1990. À l'inverse, l'entrée dans la presse régionale du Sud-Est, avec le groupe Provençal en 1986, puis *Nice matin*, semble confirmer une volonté d'implantation forte, y compris plurimédia (télévision locale de Marseille, TMC, etc.) dans cette région. Après avoir fusionné les titres marseillais, HFM est à la tête de *La Provence*, de *Nice matin* et *Var matin*, sans oublier le gratuit *Marseille +* en réaction à l'arrivée de *Metro* et *20 Minutes*.

Marquée par un assainissement des comptes des entreprises, la stratégie de Lagardère Media se solde par un recul sensible des diffusions, qui fait craindre un moindre savoir-faire en presse quotidienne. L'association de suppléments magazine de fin de semaine (*TV hebdo* et *Version Femina*) n'est pas forcément un facteur de renforcement des régionaux, alors que ces derniers permettent à HFM et à Interdéco de renforcer leur stratégie de couplages publicitaires dans les magazines féminins et de télévision. Hormis les titres où il est opérateur direct, le groupe Lagardère Media est, depuis les années 1980, un actionnaire minoritaire (20 %) du groupe Amaury, alors même qu'il renforce, en 2005, sa position dans le capital du Monde SA.

Le Monde SA

Fondé à la Libération, *Le Monde* symbolisera l'entreprise de presse indépendante, dans laquelle la « Société des rédacteurs » (aujourd'hui 29,58 % du capital) constituait un actionnaire incontournable [Eveno, 2001]. Après les crises de 1986, 1994 et 2004, le journal lui-même ne contrôle plus qu'un peu plus de 50 % de son capital, les « partenaires » s'approchant désormais des 50 %. Simultanément, le journal est le cœur d'un groupe diversifié — Le Monde SA — dans lequel sont progressivement intégrés des quotidiens régionaux, des magazines, de l'édition de livres, de l'Internet. La période clé de cette évolution se situe dans la seconde moitié des années 1990 avec la prise de contrôle du groupe Midi libre, puis le début des années 2000, avec le rachat du groupe PVC (Publications Vie Catholique). Parallèlement, Le Monde SA entrait dans le capital du *Temps* (Suisse), de même qu'il prenait 6 % du groupe Nouvel Observateur.

En 2005, Le Monde SA comprenait cinq pôles distincts : la presse quotidienne nationale (avec le quotidien et ses publications dérivées), la presse quotidienne régionale (*Le Midi libre*, *L'Indépendant*, *Centre Presse*), les magazines et le livre (*Télérama*, *La Vie*, *Courrier international*, *Le Monde diplomatique*, les magazines jeunesse de Fleurus, etc.), l'Internet (lemonde.fr), la régie publicitaire. La succession d'années déficitaires de 2002 à 2004 avait contraint le groupe à faire appel à de nouveaux partenaires, parmi lesquels figurent à des niveaux significatifs les groupes Lagardère, Prisa et, dans une moindre mesure, *La Stampa*.

Groupe Amaury

Émilien Amaury et Claude Bellanger créent, dès la libération de Paris, *Le Parisien libéré*, alors qu'ils s'installent dans les locaux du *Petit Parisien* dont ils reprennent le format, la typographie et pour partie la symbolique de l'ancien titre le plus diffusé en France. Rapidement, Émilien Amaury construit un groupe entreprenant et solide comportant le second quotidien national, derrière *France Soir*, un quotidien sportif, plusieurs régionaux dans l'Ouest (*Courrier de l'Ouest* et *Maine libre*), ainsi que des titres destinés à un public féminin (*Marie-France*, etc.). Le groupe a sa propre régie. Il est également présent dans l'imprimerie de labeur. Le conflit qui affecte *Le Parisien libéré* en 1975, et qui durera 29 mois, à propos de la modernisation technique, lui coûtera plus de 50 % de sa diffusion, alors même qu'il met à rude épreuve la trésorerie du groupe. La mort d'Émilien Amaury à la même période confronte l'entreprise à une relève générationnelle délicate, doublée d'un conflit entre les héritiers.

Le groupe, dont Philippe Amaury prend la présidence en 1983, est plus réduit, alors même qu'il le recentre en cédant quotidiens et imprimeries de province. Il doit également faire appel à Lagardère afin de s'acquitter des droits de succession, ce dernier restant, depuis lors, à un peu plus de 20 % du capital. Le groupe se compose de trois secteurs distincts mais interdépendants : le premier comprend *Le Parisien*, « quotidien de la région parisienne », qui se dédouble en 1994 avec *Aujourd'hui en France*, quotidien national vendu bon marché pour contrer le lancement d'*InfoMatin*. En 1999, *Le Parisien* crée une édition du dimanche. À sa périphérie, il a repris *L'Écho républicain* (Chartres). Le second secteur se compose de publications sportives, autour du quotidien *L'Équipe*, avec plusieurs magazines (*L'Équipe magazine*, *France football*, etc.). Le troisième secteur est celui des événements sportifs (ASO), à commencer par le Tour de France. Largement bénéficiaire, il contribue au financement de la stratégie de développement du *Parisien-Aujourd'hui en France* (nouvelles formules, création d'une société de distribution autonome, etc.). Au regard de deux décennies de management de Philippe Amaury, son groupe apparaît comme l'un des plus actifs, tout en étant le plus constant dans une stratégie de développement faisant appel au marketing, au renouvellement rédactionnel, à la commercialisation au prix le plus bas possible. Face à l'arrivée des gratuits le groupe devait prendre 50 % de l'hebdomadaire *À Nous Paris*.

SIPA-Ouest France

Le groupe prend ses lointaines racines en 1899, avec le lancement de *Ouest Éclair*. En 1944, Paul Hutin, qui s'est démarqué des animateurs collaborationnistes du titre breton, obtient l'autorisation de lancer *Ouest France*, dont la diffusion sera portée aux douze départements de l'Ouest allant du Calvados à la Vendée. Le quotidien occupe depuis les années 1960 la place de leader, par sa diffusion qui devait frôler les 800 000 exemplaires au début des années 2000, avant de revenir à un peu plus de 770 000. Il propose chaque matin 42 éditions différentes, ainsi qu'une édition dominicale depuis 1998. Outre une évolution rédactionnelle très constante, le quotidien bénéficie de l'apport d'un bureau d'études intégré (c'est le seul cas pour un quotidien en France). La politique commerciale, outre l'accent mis sur le portage (40 % de la diffusion), se caractérise par un parti pris très constant de prix bas. Une modification des statuts du groupe, en 1990, met à l'abri le quotidien de tout risque de rachat. Il devient la propriété d'une association créée à cet effet (l'Association pour le soutien des principes de la démocratie humaniste) qui contrôle 99,9 % du capital de la SIPA, propriétaire de SA Ouest France, chargée de produire le journal, et de Précom publicité, sa régie. Les autres activités du groupe, à commencer par Spir communication, relèvent d'une seconde société : Sofiouest.

Longtemps, *Ouest France* s'est distingué des autres régionaux en développant sa diffusion sur une zone très étendue où il est fréquemment en concurrence, plutôt que de rechercher des accords ou de racheter ses voisins. Le groupe se contentera de la prise de contrôle de l'un de ses concurrents, *La Presse de la Manche*, jusqu'à 2005. Cette situation prend alors fin avec le rachat des « journaux de l'Ouest » (*Presse Océan, Courrier de l'Ouest, Le Maine libre*, etc.), à l'occasion de réorganisation de la Socpresse. Ouest France s'est très peu dispersé dans les médias électroniques ou audiovisuels dans les années 1980, leur préférant l'édition de livres, les hebdomadaires locaux (plusieurs dizaines, après le rachat du groupe Méaulle) et surtout la presse gratuite, avec Spir Communication, désormais leader national. En 2003, le groupe avait créé la surprise en prenant 50 % de *20 Minutes* aux côtés du groupe norvégien Schibstedt. Le chiffre d'affaires du secteur « gratuits » dépasse désormais celui de *Ouest France* (392,7 millions d'euros contre 288,8 en 2002).

France Antilles

Le groupe prend naissance au milieu des années 1960 avec le lancement par Robert Hersant de *France Antilles Martinique*, puis *France Antilles Guadeloupe*. Suivront *France Guyane, Le Journal de l'île de la Réunion, La Dépêche de Tahiti, Les Nouvelles calédoniennes*, pour une diffusion de l'ordre de 150 000 exemplaires dans un contexte géographique, sociologique et politique très particulier. En fonction de considérations juridiques (contournement des dispositions anticoncentration), le groupe France Antilles accueillera à partir des années 1970 un ensemble de quotidiens normands (*Havre Presse, Havre libre, Paris Normandie*), puis de l'Est (*L'Union de Reims, L'Ardennais, Les Dernières Nouvelles d'Alsace*), ainsi que des hebdomadaires locaux. Une troisième composante rejoindra le groupe en 2003, avec la Comareg (155 titres), spécialisée dans les gratuits, rachetée à VUP.

Pure fiction juridique, entretenant des liens multiples avec les titres et structures de la Socpresse, France Antilles verra arriver à sa tête Philippe Hersant dans les années 1990. À la mort de son père, ce dernier n'aura de cesse d'autonomiser les structures de ses titres, jusqu'à pouvoir se séparer complètement de la Socpresse, au moment où celui-ci fait appel à Serge Dassault. Fort d'un chiffre d'affaires évalué à 600 millions d'euros en 2002, France Antilles est devenu une composante substantielle de la presse régionale. Il connaît des situations très contrastées, avec des points de faiblesse, comme en Normandie, un titre très actif en Alsace, sans parler de nombre d'hebdomadaires de proximité. Se pose surtout la question de la stratégie à mener avec la Comareg face à l'approche extrêmement offensive de Spir, sans parler de la donne nouvelle qu'introduit l'Internet dans le paysage des petites annonces.

Pearson

Propriétaire des *Échos* depuis 1988, Pearson est un groupe coté à la Bourse de Londres, dont le développement est largement internationalisé, puisqu'il ne réalise qu'un peu plus de 16 % de son chiffre d'affaires en Grande-Bretagne, contre 60 % en Amérique du Nord. Son activité se répartit principalement dans l'édition de livres (68,4 %), la presse écrite (20 %) et la télévision (10 %) dont les 22 % du capital de RTL Group. Dans la presse écrite, Pearson se caractérise par sa spécialisation dans l'économie avec, en Grande-Bretagne, le *Financial Times* (458 000 exemplaires au Royaume-Uni) et 50 % de *The Economist* (600 000 exemplaires). En Allemagne, le groupe possède également 50 % du *Financial Times Deutschland*, alors qu'en Espagne il publie *L'Expansion*. Il faut par ailleurs prendre en compte la diffusion de l'édition internationale du *Financial Times*.

Metro International

Metro International est la filiale éditrice de quotidiens gratuits du groupe suédois Kinnevik dont les activités sont principalement situées dans la télévision et les télécommunications (Télé2). Le lancement du premier gratuit par le groupe se produit à Stockholm en 1995. En 2005, Metro International est à la tête de dix-sept éditions dans le monde. Chacune de celles-ci reprend un concept, un cahier des charges et un format unifiés. Le groupe propose à ses différentes filiales nationales d'alimenter et de puiser dans une banque d'échanges d'articles où ils vont trouver des reportages (proposés généralement sur une double page centrale du journal). De la même manière, les dix-sept nationalités constituent autant de « correspondances » réparties au moins dans une partie du monde. Avec une telle conception, *Metro* serait la première véritable expérience d'internationalisation d'un quotidien, contrairement à son concurrent norvégien ou français, *20 Minutes*, pour lequel la maison mère, le groupe norvégien Schibstedt, laisse une large autonomie à ses filiales nationales, tant pour la présentation et le format que pour le choix et l'agencement des contenus (rubricage, forme d'écriture, etc.). Metro France est créé en 2001 pour le lancement de l'édition française en février 2002, progressivement distribuée dans une dizaine de villes (à la suite de Paris, Marseille, Lyon, etc.). En septembre 2003, son capital s'ouvre à TF1 qui, avec un apport de 12 millions d'euros, prend 34,3 % de participation.

Les groupes régionaux

Au fil des années 1960 et 1970, plusieurs regroupements se sont opérés dans la presse régionale. Le plus souvent, ils intervenaient autour d'un titre plus important en taille et en périmètre de diffusion, à l'initiative d'une personnalité ou d'une famille propriétaire : Lemoîne à *Sud Ouest*, Baylet à *La Dépêche du Midi*, Varenne à *La Montagne*, Lignac à *L'Est républicain*, pour ne citer que ceux qui ont gardé dans les années 2000 la direction de groupes qui, autour du titre principal, ont intégré une série de titres plus petits, mais contigus : *La France*, *La Charente libre*,

L'Éclair des Pyrénées, *La République des Pyrénées* et *La Dordogne libre*, pour *Sud Ouest* par exemple [Gayan, 1990]. Nombre d'entre eux sont tombés dans l'escarcelle des « papivores » ou des « géants de la communication », Hersant ou Lagardère : *Progrès de Lyon*, *Le Dauphiné libéré*, *La Voix du Nord*, *Le Provençal*, *Nice Matin*, quand il ne s'agit pas du groupe Le Monde, dans le cas du *Midi libre*.

Jusqu'aux années 1990, les groupes régionaux ont donné l'image d'une santé économique enviable, comparés à leurs homologues nationaux, alors même qu'ils faisaient montre d'un fort dynamisme dans la modernisation technique, le rajeunissement des formules, la diversification vers la télématique, la radio ou la télévision par câble. Chemin faisant et au détour de successions, des partenariats ou des apports capitalistiques externes ont pu intervenir, comme dans le cas du groupe Centre France (*La Montagne*), avec le Crédit mutuel, voire les échanges capitalistiques croisés dans le cas de *Sud Ouest* avec le groupe Bilbao Editorial. Les mêmes groupes ont abordé la décennie 2000 sous des auspices beaucoup moins favorables. La baisse de la diffusion et la moindre attractivité publicitaire ont dégradé les comptes. Les moyens de développement manquent au moment où il faudrait faire un effort considérable de modernisation et d'innovation éditoriale, surtout pour ceux dont les titres leaders sont diffusés dans de grandes villes métropoles de province. La vision stratégique et les moyens à déployer font parfois défaut, laissant craindre une période d'incertitude sur fond de fragilité.

Les indépendants locaux

Quelques titres vont cependant échapper au mouvement général de concentration dans la presse locale. Quelques-uns, tels que *L'Yonne républicaine* ou *La Nouvelle République du Centre Ouest*, sont protégés par un statut d'entreprise particulier, de coopérative pour le premier, de « société anonyme à participation ouvrière » pour le second. D'autres, comme *L'Alsace*, sont adossés à une banque régionale, le Crédit mutuel d'Alsace dans le cas présent. Il existe cependant quelques cas de titres familiaux, tels *Le Républicain lorrain* (Puhl Demange) ou *Le*

Télégramme de Brest (Coudurier), qui ont su préserver leur indépendance, avec une performance remarquable dans le cas du *Télégramme*, qui réussit à développer sa diffusion, dans son face-à-face avec *Ouest France* dans les départements du Finistère, des Côtes-d'Armor et du Morbihan.

Les quotidiens adossés à des groupes

Quatre quotidiens nationaux grand public sont aujourd'hui adossés à des groupes qui soit permettent leur survie (*France Soir*), soit leur garantissent les moyens et le temps de leur (re)développement : c'est le cas de *La Croix*, *Libération* et *La Tribune*. Pour ces derniers, il est évident que la nature des groupes soutiens est très différente. Pour le quotidien catholique, l'adossement est historique, remontant au XIXe siècle, l'ordre religieux des assomptionnistes, son propriétaire, développant progressivement un groupe de presse magazine (jeunesse, religieux, senior, etc.) et d'édition performant, Bayard Presse. Dans le cas de *Libération*, l'entrée du banquier Édouard de Rothschild correspond à un investissement dans la presse quotidienne pour un investisseur financier s'intéressant à un moment donné (2005) au secteur des médias et de la communication. Cet apport est d'autant bienvenu que le titre connaît un besoin aigu de relance et de moyens de développement. Pour *La Tribune*, le besoin de s'appuyer sur un actionnariat stable et puissant s'est posé dès l'origine, avec une succession d'éditeurs investisseurs, tels que le groupe Expansion de Jean-Louis Servan-Schreiber dans les années 1980. Au terme d'une certaine instabilité, c'est l'entrée du groupe de luxe LVMH qui va constituer cet apport essentiel au développement du titre face à la réaction très vive des *Échos*, eux-mêmes relancés par Pearson.

VI / Les aides à la presse et le rôle de l'État

L'État s'est toujours intéressé de près à la presse en France. Il s'est d'abord agi d'influer sur son contenu (pour en limiter les effets ou s'en servir) tout en stimulant, soutenant, encadrant son développement économique. Depuis la Libération (hormis quelques épisodes de crise tels que la guerre d'Algérie), l'intervention sur le contenu n'est plus de propos. En revanche, l'encadrement économique — légitimé par la défense du pluralisme — ne devait jamais atteindre un tel niveau et une telle cohérence : le dispositif juridique et réglementaire est d'abord abondant, intervenant aussi bien sur l'autorisation des éditeurs (ordonnances de 1944), les structures des entreprises (transparence et concentration avec les ordonnances de 1944, redéfinies par les lois de 1984, puis de 1986), la distribution (loi Bichet de 1947), la fourniture d'information (loi de 1957 sur le statut de l'Agence France-Presse). En second lieu, un ensemble d'entreprises, dites « connexes », étaient mises en place à l'initiative de l'État ou supervisées par celui-ci afin de soutenir l'économie des journaux naissants. Elles concernaient les locaux et la fabrication (la SNEP, Société nationale des entreprises de presse), la fourniture d'information (l'AFP, Agence France-Presse), la fourniture du papier (la SPPP, Société professionnelle des papiers de presse), la distribution (MFP, puis NMPP, Nouvelles Messageries françaises de presse) et même la régie publicitaire (Havas). Enfin, un ensemble d'aides étaient reconduites et amplifiées (aide postale) ou créées. Leur volume était important et constituait une intervention à des niveaux précis de l'activité de l'entreprise de presse (téléphone et télex, acheminement des journaux par le chemin de fer, transport et distribution postale, rémunération des journalistes grâce à un abattement fiscal, dit des 30 %, etc.).

L'ensemble de ce cadre d'intervention de l'État s'est bien sûr assoupli. La loi de 1986 est beaucoup moins contraignante que les dispositions des ordonnances sur l'entreprise de presse. La fixation administrative du prix du journal a disparu, alors que le statut des entreprises connexes était modifié par la loi de 1957 pour l'AFP qui lui donne une forme juridique hybride, avec une cogestion par les « clients » dont l'État ; par la privatisation de Havas en 1987, par la transformation de la SPPP en simple « centrale d'achat » de papier, alors même que la loi de « dévolution des biens de presse » réduisait à fort peu le périmètre et les attributions de la SNEP. Certaines aides devaient également disparaître, tel le remboursement des factures téléphoniques. Cela n'empêchait cependant pas de « moderniser » le dispositif avec la création de nouveaux mécanismes de soutien, le dernier étant le « fonds de modernisation de la presse » en 1997, sans compter les aides exceptionnelles qui peuvent intervenir pour faciliter des départs et reconversions des personnels de fabrication ou la modernisation du système de distribution. Traditionnellement, les aides se divisent en deux catégories : les aides directes votées chaque année avec le budget de l'État, les aides indirectes automatiquement reconduites.

Les aides directes

Les aides directes parce que votées par le Parlement sont censées manifester les priorités de l'action de l'État à l'égard de la presse. Leur volume est cependant beaucoup plus modeste que celui des aides indirectes : 77,5 millions d'euros en 2005, contre 642 millions. Elles prennent la forme de remboursements des factures présentées par les éditeurs ou leurs sous-traitants (factures de la SNCF, factures d'entreprises de télécommunication pour l'impression décentralisée, etc.) et des subventions versées (par exemple pour la presse d'opinion ou le soutien au portage). Des actions ponctuelles peuvent y figurer comme

« l'aide à la modernisation sociale de la presse quotidienne d'information politique et générale » devant permettre le départ de personnels de fabrication en surnombre.

Il est à noter qu'au cours des trois dernières décennies, la tendance sera de privilégier des aides qui bénéficient aux formes de presse les plus fragiles. C'est la politique du « ciblage » : ce sera l'aide aux quotidiens « à faibles ressources publicitaires » (ciblant les quotidiens d'opinion) décidée dans les années 1970, l'aide au portage, l'aide à l'impression décentralisée, etc. qui ne bénéficient qu'aux seuls quotidiens. De la même manière, faire reculer le niveau de l'aide au transport SNCF, comme en 2004, est une manière de moins aider la presse magazine, qui bénéficie tout autant, voire plus, du transport SNCF que les quotidiens, alors que l'augmentation de l'aide aux quotidiens nationaux à faibles ressources publicitaires, décidée la même année, intervient directement en soutien de *La Croix* et de *L'Humanité*. Cette image de jeu de « passe-passe » entre fonds d'aide peut surprendre, il découle de la pression très forte exercée par le ministère des Finances pour faire évoluer le moins possible l'enveloppe globale des aides directes. Il est à noter que s'ajoute, dans le vote des députés, comme forme particulière d'aide directe, la contribution de l'État au financement de l'AFP.

Les aides indirectes

Les aides indirectes représentent la part la plus substantielle du soutien de l'État. Elles prennent la forme de tarifs préférentiels ou d'exonérations fiscales. La principale aide indirecte est constituée par le barème tarifaire de La Poste pour les différentes formes de publications. Il découle d'accords tripartites — éditeurs de presse, État, poste — dits « accords presse-poste », et devait déboucher dans sa plus récente édition sur une contribution de l'État de 242 millions d'euros en 2005, sachant que le manque à gagner ou le déficit du système, à la charge de La Poste, donne lieu à des évaluations contradictoires. Le chiffre avancé par La Poste pour son budget 2003 était de l'ordre de 800 millions d'euros, ce qui pourrait être considéré comme le montant de l'aide effective, même si les éditeurs considèrent

Les aides directes à la presse
(euros)

	LFI* 2003	LFI* 2004	LFI* 2005
Réduction du tarif SNCF de transport de presse	13 720 412	8 110 000	8 110 000
Aide à l'impression décentralisée des quotidiens	610 000	610 000	616 067
Aide à l'expansion de la presse française à l'étranger	3 705 000	3 300 000	3 000 000
Aide à la presse hebdomadaire régionale	1 420 000	1 420 000	1 420 000
Aide au portage de la presse	8 250 000	8 250 000	8 250 000
Aide à la distribution de la presse quotidienne d'information politique et générale	900 000	2 550 000	–
Aide aux quotidiens nationaux à faibles ressources publicitaires	4 628 353	6 655 895	6 655 895
Aides aux quotidiens régionaux, etc. à faibles ressources publicitaires	1 440 000	1 400 000	1 400 000
Aide à la modernisation sociale de la presse quotidienne	–	–	38 000 000
Aide à la modernisation de la distribution de la PQN	–	–	6 500 000
Aide à la modernisation de la diffusion	–	–	3 500 000
Total	34 673 765	32 295 895	77 451 962

* Loi de finance initiale.

Source : Patrice Martin-Lalande, rapport spécial [novembre 2004].

qu'une analyse plus fine des imputations des personnels et des structures de tri et de distribution conduirait à une évaluation plus légère. La seconde aide importante consiste dans un taux de TVA, « superréduit », de 2,1 %. Dans la présentation des aides, l'État évalue son niveau à 210 millions d'euros en 2005. Le chiffre peut aussi être discuté selon le niveau de TVA pris en référence. L'autre grande forme d'allègement fiscal est l'exonération de la taxe professionnelle, soit de l'ordre de 174 millions d'euros en 2004. Enfin, un dispositif permet une provision sur les bénéfices, à des fins d'investissements de modernisation technique, c'est le « 39 bis », du nom de l'article du code des impôts qui le définit.

Les aides indirectes
(millions d'euros)

	2003	2004	2005
Aide au transport postal : subvention du budget de l'État	290	290	242
Moins-value pour le Trésor public : taux de TVA de 2,1 %	200	200	210
39 *bis*	5	5	5
Exonération de taxe professionnelle	178	185	–
Total	673	680	–

Source : Patrice Martin-Lalande, rapport spécial [novembre 2004].

La grosse faiblesse du dispositif d'aides indirectes est de « saupoudrer » une masse substantielle de fonds publics sur toutes les formes de presse, quelle que soit leur prospérité, quelle que soit l'« utilité sociale » de son contenu. Le dispositif du 39 *bis* présente même le paradoxe de mieux aider à la modernisation technique des entreprises prospères (capables de provisionner des bénéfices), alors qu'il n'apporte pas le moindre soutien aux entreprises en difficulté. Autre incohérence, il n'existe aucune aide à la création de nouveaux titres, alors que la justification du dispositif est le principe du pluralisme. Dans la décennie 1990, une volonté s'est affirmée de corriger en partie, grâce au principe de « ciblage », l'aberration à laquelle conduisait l'aide postale, aidant surtout les magazines, les quotidiens recourant moins souvent à l'abonnement postal (en raison de l'orientation vers le portage) ou donnant davantage de place à la vente au numéro. Désormais, les tarifs postaux sont plus favorables à la presse d'information politique et générale et tout particulièrement aux quotidiens d'opinion, comme d'ailleurs aux quotidiens pour enfants qui ont fait leur apparition dans la même période, reposant exclusivement sur l'abonnement postal. La question de l'aide à la modernisation se trouvera reposée par la création d'une aide d'un nouveau genre en 1997, réservée aux quotidiens d'information politique et générale.

Créé en 1997, le *fonds de modernisation de la presse* constitue une nouvelle génération d'aide, ciblant précisément la presse quotidienne d'information politique et générale et l'amélioration nécessaire de la productivité des journaux, grâce à la modernisation technique. La pérennité de l'aide est garantie par le prélèvement d'une taxe de 1 % sur le chiffre d'affaires du hors-médias. Ce dernier a été choisi en fonction de la taille de l'assiette qu'il garantit et en tant que principal concurrent de la presse quotidienne sur le plan publicitaire. L'attribution des aides se fait sur dossier, décrivant un projet de modernisation précis. Une commission de représentants de l'État et des éditeurs sélectionne les projets et propose au ministre une répartition entre une formule d'« avance remboursable » ou une subvention.

Les recettes du fonds, même si elles furent en partie surévaluées lors de sa création, sont substantielles, soit 26,7 millions d'euros en 2003. En revanche, le mode et les modalités d'attribution du fonds tardent à se roder, conduisant à sa sous-utilisation. En 2003, les sommes non affectées s'élevaient ainsi à 79,3 millions d'euros. Il faut donc s'orienter vers une transformation de son fonctionnement, faute de quoi le risque est de le voir servir de cagnotte pour des opérations ponctuelles, à disposition de l'État, mais n'ayant pas forcément trait au fonctionnement des entreprises, comme cela s'est produit à partir de 2000 avec le prélèvement indu de l'aide annuelle au plan de modernisation des NMPP.

La supervision des messageries de presse et de l'AFP

Même si pas moins de deux textes de loi (1947 et 1957) en garantissent l'indépendance, il faut insister sur le poids du rôle de supervision exercé par l'État sur deux secteurs très sensibles pour les quotidiens, celui de l'agence d'information et celui de la distribution. La loi de 1957 fait de l'Agence France-Presse une entité juridique, atypique, sans capital et dirigée par un conseil d'administration de quinze membres parmi lesquels figurent des représentants des principaux clients (les médias), du personnel, mais aussi trois représentants de l'État. Dans les faits, par le biais de l'audiovisuel public, l'État dispose de deux autres représentants soit cinq sur quinze, ce qui n'est pas sans influence puisque la nomination du président qui conduit opérationnellement l'agence se fait par un vote du conseil d'administration d'au moins douze membres. Pas de président donc qui ne soit agréé par l'État. En outre, l'État intervient comme « client », soit une contribution de l'ordre de 40 % du chiffre d'affaires. Ce qui signifie que l'équilibre budgétaire, annuel, obligatoire de par les statuts, peut être à chaque instant conforté par un effort dans la dotation budgétaire de l'État ou miné par sa moindre contribution.

Ne disposant pas de capitaux propres, l'AFP ne peut financer ses développements que par des emprunts, qui doivent eux-mêmes être validés par le conseil d'administration et concédés par un organisme de prêt lui-même dépendant de l'État. Aussi peut-on faire porter à celui-ci le refus d'engager l'AFP dans la fourniture d'images de télévision, ce qui aurait pu se concrétiser lors de la mise en vente d'entreprises de ce type dans les années 1990. Le suivi des comptes est en outre étroitement contrôlé par une « commission financière » elle-même composée de deux représentants de la Cour des comptes et d'un expert désigné par le ministre des Finances. Enfin, l'activité de l'agence est supervisée par un « conseil supérieur de l'Agence France-Presse » dont la fonction est de suppléer à d'éventuels désaccords au sein du conseil d'administration, notamment à propos de la désignation d'un nouveau président. Celui-ci est présidé par un conseiller d'État dont la voix est prépondérante, alors que siège également à ses côtés un magistrat désigné par la Cour de cassation.

Dans le dispositif de la loi Bichet, les représentants de l'État siègent au conseil supérieur des Messageries, chargé de superviser l'ensemble du système. En 2001, ce sont les représentants de l'État qui obtiendront du conseil supérieur qu'il prenne l'initiative de réunir les différents partenaires du système pour tenter de lever les blocages qui l'affectaient. Cela donnera lieu à des « tables rondes sur la distribution » dans lesquelles les représentants de l'État seront d'autant plus actifs que celui-ci était appelé à soutenir financièrement le plan de modernisation des NMPP. Une première aide triennale fut décidée pour la période 2000-2003, avec une dotation annuelle de 12,19 millions d'euros (prélevée sur le fonds de modernisation de la presse). Elle sera reconduite pour la période 2004-2007 et portée à 12,7 millions d'euros par an. Soit un effort tout à fait substantiel (près de 75 millions d'euros) concernant un domaine que la loi confie à l'initiative de coopératives de presse, appuyées par un opérateur privé, Hachette Distribution Presse.

Perspectives d'évolution face à l'Europe

La presse française a la réputation de bénéficier d'un système d'aide particulièrement important au regard de nos voisins européens. Des tableaux comparatifs sont d'ailleurs régulièrement publiés sur le sujet [Todorov, 1990]. Il faut cependant se méfier de quelques idées reçues, la première voudrait que le système d'aide français soit une « exception », ce qui n'est pas le cas, puisque la presse britannique bénéficie d'une aide substantielle, sous la forme d'un taux de TVA à 0 %. L'aide postale peut être plus importante qu'en France (au Portugal ou en Italie par exemple). D'autres pays européens comme l'Italie et l'Espagne connaissent des systèmes d'aide directe importants, même si la Grande-Bretagne ou l'Allemagne ont renoncé à une telle formule.

La seconde idée fausse voulait que le système d'aide de la presse française soit incompatible avec les réglementations européennes. Cette question devait prendre un relief tout à fait particulier au début des années 1990, à la veille de l'ouverture du « grand marché » le 1er janvier 1993. Nombre d'études, rapports et publications abordèrent cette question épineuse [Santini, 1990 ; Todorov, 1990]. Ils devaient conclure à l'absence d'un marché européen de la presse et singulièrement des quotidiens. Dès lors, chaque pays pouvait décider d'appliquer ses règles propres, notamment pour une activité à contenu culturel, sans compter son rôle dans le fonctionnement des sociétés démocratiques. La seule attention portera sur le fait que ces aides ne pénalisent en rien les éditeurs et titres européens pouvant intervenir ou être vendus dans chacun des pays de l'Union. Cette attention — pour la France — portera particulièrement sur la mise en œuvre de la loi Bichet, en assurant une égalité de droits des éditeurs de l'Union aux coopératives.

Dans les faits, la question de la compatibilité du système d'aide aux règles européennes s'exprime plutôt indirectement. Les normes européennes peuvent être invoquées par les représentants de l'État pour refuser une évolution d'une aide comme la TVA à 2,1 %, face à une demande pressante des éditeurs en période de crise pour obtenir un taux de 0 %. Dans ce cas, la référence aux textes européens et aux taux dérogatoires préconisés joue un effet de « cliquet ». La même attitude se retrouve à propos d'aides exceptionnelles ou structurelles qui pourraient être apportées à l'AFP pour favoriser sa modernisation ou la diversification de ses activités. Cependant, les dispositions mises en place progressivement par l'Union européenne qui ont et auront le plus de répercussions sont celles qui ont trait à la concurrence en matière de services publics, ce qui pose avec force l'avenir de l'aide postale.

Le préalable de la dérégulation des télécommunications permet d'envisager les problèmes à venir. En l'occurrence face à la multiplication des opérateurs et la complexification des grilles tarifaires, cette aide, certes modeste, fut abandonnée, parce que trop complexe à maintenir « techniquement ». Un second argument pouvait également intervenir, tenant aux « vertus de la concurrence » qui aurait permis des baisses tarifaires supérieures à l'aide apportée précédemment par l'État. Dans le cas de l'aide postale, la question se posera différemment, ne serait-ce que parce que les facilités tarifaires consenties ont peu de chances d'être homogènes géographiquement, ce qui est déjà une question sensible pour les conditions de distribution des quotidiens en zone rurale (avec le problème des heures, voir du jour de distribution). Faut-il alors anticiper sur une disparition progressive de l'aide postale ou bien imaginer un basculement de celle-ci en aide directe, avec des critères d'attribution sans doute plus étroits ?

Un dernier sujet, générateur de bien des fantasmes, concerne un rôle occulte joué par l'État ou les gouvernements sous la forme de grands « architectes » du périmètre des entreprises ou des groupes. Comment le politique se désintéresserait-il, dans un pays comme la France, du changement de propriétaire d'un quotidien national « de référence » ? De fait, peu d'opérations de cession, de reprise, de recapitalisation se mènent sans en informer le pouvoir politique. Et quelques exemples sont là pour montrer ce type d'interférences. Le plus célèbre concerne le rachat du groupe Les Échos par Pearson. Édouard Balladur, alors ministre des Finances, tentera tous les artifices possibles pour faire appliquer la disposition de la loi de 1986 fixant le maximum de 20 % de participation pour un groupe « hors communauté », au prétexte que Pearson aurait une part substantielle de son capital détenue par des actionnaires « hors communauté ». *Off*, le commentaire était plus explicite, il s'agissait d'empêcher que le quotidien économique de la place boursière de Paris tombe dans l'escarcelle du quotidien de la place boursière de Londres, le *Financial Times*. Le résultat fut piteux pour le ministre et son gouvernement, puisque l'opération se fit. Aussi désolante fut la tentative d'interférer dans une éventuelle reprise de *L'Express* par *Le Monde* en 1997. Est-ce à dire que l'État a perdu toute influence sur le paysage et les structures des quotidiens ? Sans doute pas totalement ; cependant, les logiques d'entreprise comme l'ampleur des défis économiques rendent celle-ci plus modeste et surtout plus aléatoire.

VII / Les quotidiens et leur public

Le public des quotidiens s'appréhende au travers de plusieurs indicateurs et moyens de connaissance. La première notion prise en compte est celle de l'achat, qui permet de comptabiliser la diffusion de chaque titre. En second lieu peut être recherché le nombre de lecteurs, qui, par référence à l'audiovisuel, est qualifié d'« audience » [Brignier, 2002]. Il est également intéressant de situer la lecture, au regard des grandes pratiques culturelles, dans la durée. C'est ce qu'apportait depuis 1973 l'étude des « pratiques culturelles des Français » réalisée par le ministère de la Culture [Donnat, 1998]. Enfin, des études quantitatives et qualitatives, plus ponctuelles, par titre, permettent de cerner les lectorats de ceux-ci, leurs pratiques, leurs critiques et leurs attentes.

La diffusion des quotidiens

Longtemps, les quotidiens se sont contentés de comptabiliser leurs tirages, qui constituent le seul matériau disponible à l'historien pour évaluer l'évolution de la presse et la puissance respective des titres. Cet indicateur est délicat à manier puisqu'il oblige à une évaluation approximative, en fonction des taux d'invendus, qui peuvent varier considérablement pour les journaux vendus au numéro. Ce n'est qu'à partir de 1923 que les éditeurs français se mettront d'accord sur la création d'un organisme chargé de collecter et contrôler le nombre de quotidiens vendus. Cet organisme, l'Office de justification de la diffusion (OJD), publiera dès lors, chaque année, les chiffres relatifs à chaque titre.

Avec le temps et l'évolution des méthodes de vente (notamment la pratique de ristournes, voire de mises à disposition gratuites à certaines périodes ou dans certains lieux), il devint nécessaire de préciser les définitions des formes de diffusion, c'est ainsi que se trouve comptabilisée la diffusion totale, la diffusion « payée », la diffusion en France et la diffusion globale, intégrant les ventes à l'étranger, difficiles à vérifier. La totalisation des chiffres de diffusion des quotidiens en France permet une comparaison avec celle des autres pays et de situer ainsi l'achat des quotidiens, au travers d'un ratio, le nombre de titres achetés pour 1 000 habitants. C'est ce ratio qui place au douzième rang européen la presse quotidienne française, avec 167/1 000, loin derrière le leader la Norvège (684/1 000), derrière également des pays comparables tels que le Royaume-Uni (393/1 000) ou l'Allemagne (322/1 000) [Martin-Lalande, 2004]. Il permet également d'évaluer le recul de l'achat de quotidiens en France puisqu'en 1946 ce même ratio se situait à 360/1 000.

La diffusion des quotidiens nationaux

L'analyse de la diffusion titre par titre est précieuse puisqu'elle permet d'observer des évolutions sensibles dans la durée (les chiffres retenus ici porteront sur une échelle de quinze années), tout en situant les performances des principaux titres français au regard de titres de même nature chez quelques-uns de nos voisins européens. L'analyse dans la durée débouche sur le constat d'un net recul général de la diffusion des quotidiens d'information politique et générale en France, plus substantiel pour les titres nationaux, puisque le recul global est ici de – 17,3 %, même si cela peut cacher des mouvements individuels de reprise, tel celui du couple *Parisien-Aujourd'hui en France* (+ 31,1 %). Inversement, les quotidiens spécialisés ont sensiblement progressé, ramenant le recul d'ensemble des quotidiens nationaux à – 4,6 %. Les comparaisons internationales révèlent quant à elles des différentiels parfois très impressionnants dans une catégorie telle que celle des quotidiens populaires, les

504 000 exemplaires du *Parisien-Aujourd'hui*, devant être rapportés aux 4,4 millions d'exemplaires du *Bild Zeitung* ou aux 3,6 millions du *Sun*. Avec des décalages moins massifs, il est intéressant de mettre en perspective la diffusion du *Monde* ou du *Figaro* avec les 717 000 exemplaires du *Times* ou encore les 709 000 du *Corriere della Serra*, les 436 000 de *El Pais* ou 408 000 de la *Frankfurter Allgemeine Zeitung* [Kelly, 2004].

La diffusion des quotidiens nationaux sur quinze ans

	1988	2004	1988/2004	%
Journaux d'opinion				
La Croix	104 000	96 600	− 7 400	− 7,1
L'Humanité	109 000	47 000	− 62 000	− 56,9
Journaux « haut de gamme »				
Le Figaro	422 200	347 200	− 75 000	− 17,7
Le Monde	387 400	380 000	− 7 400	− 1,9
Libération	195 400	156 200	− 39 200	− 19,9
Journaux populaires				
Le Parisien + Aujourd'hui	384 500	504 100	119 600	+ 31,1
France Soir (chiffres de 1987)	334 000	70 000	− 264 000	− 79
Journaux spécialisés				
Les Échos	96 200	118 900	22 700	+ 23,6
La Tribune	−	80 100	−	−
L'Équipe	230 500	358 500	128 000	+ 55,5
Total	2 263 200	2 158 600	− 104 600	− 4,6
Total (généralistes)	1 936 500	1 601 100	− 335 400	− 17,3

Source : Diffusion Contrôle.

L'analyse du détail de chacun des segments de la presse quotidienne nationale fait apparaître des évolutions souvent assez nettes : en premier lieu, les quotidiens d'opinion tout comme les populaires souffrent. *Le Parisien-Aujourd'hui en France*, bien que connaissant une dynamique positive, n'arrive pas à compenser l'effondrement de *France Soir*. Pour les quotidiens « haut de gamme », les évolutions sont moins massives et moins homogènes. Il faut d'ailleurs ici prendre garde au fait que la fin des années 1980 avait été exceptionnelle pour *Le Figaro* comme pour *Libération*. Il n'en reste pas moins que le segment dans son ensemble est faible au regard de ce qu'il représente en Grande-Bretagne, en Allemagne ou en Italie. Enfin, les quotidiens spécialisés progressent dans leur ensemble. Sur une quinzaine d'années, les pertes cumulées des quotidiens nationaux avoisinent les 300 000 exemplaires.

Un tel panorama pourrait être nuancé par l'évolution très substantielle que va représenter l'arrivée de trois quotidiens ou du réseau de quotidiens gratuits (*20 Minutes*, *Métro* et « Réseau Plus »). Du point de vue des éditeurs, le critère de l'achat est décisif. Le raisonnement est différent s'il s'agit d'apprécier les pratiques du public lui-même et de la lecture. Depuis le début 2002, ce sont des centaines de milliers d'exemplaires d'une nouvelle forme de journaux qui sont pris en main par les lecteurs des principales villes de France. Leur diffusion avoisine le million et demi d'exemplaires au début 2005 et devrait progresser encore de quelques dizaines de milliers d'exemplaires. Une telle prise en compte inverse bien sûr substantiellement l'évolution des chiffres de la diffusion des quotidiens nationaux et singulièrement des quotidiens d'information politique et générale, puisqu'il s'agit quasiment d'un doublement de celui-ci. La validation d'une telle vision dépendra des effets réels, dans la durée, de l'arrivée des gratuits sur la diffusion des quotidiens payants : accélération du déclin de certains, stabilisation ou reprise de la pratique de ce média par des publics plus jeunes, urbains, restaurant la parité hommes-femmes.

La diffusion des quotidiens locaux

Longtemps, la « presse de province » a fait figure de zone de prospérité, à l'abri des affrontements entre médias nationaux. Non seulement elle semblait « tenir ses positions » en matière de diffusion [Gayan, 1990], mais il était aussi possible de citer quelques exemples de progression dans la durée à la manière d'un *Ouest France* qui, de 1980 à 2003, voit ses ventes progresser de 681 262 exemplaires à 773 500, alors même que son principal concurrent, *Le Télégramme de Brest*, passait, lui, de 168 408 à 187 500, soit des progressions de 13,5 % et 11,3 %. Cette vision rassurante s'appuyait sur la poursuite de grandes évolutions qu'avait connues la presse française : en 1938, pour la première fois, le tirage des quotidiens régionaux équilibrait celui des nationaux. En 1945, l'écart était fait entre 4,6 millions de quotidiens nationaux et les 7,5 millions de quotidiens locaux. Dix ans plus tard, il s'était encore creusé avec 3,8 millions d'exemplaires de quotidiens nationaux imprimés chaque jour, contre 6,8 en province.

La diffusion des quotidiens locaux
(diffusion payée France sur la période 2003-2004)

L'Alsace	105 985	Le Maine libre	47 530
Le Berry républicain	31 920	Le Midi libre	155 693
Le Bien public	49 075	La Montagne	202 887
Centre presse Poitiers	20 443	Nice matin	125 960
Centre presse Aveyron	20 844	Nord Éclair	33 670
La Charente libre	39 106	Nord littoral	8 884
Corse matin	48 739	La Nouvelle République	
Le Courrier de l'Ouest	97 129	des Pyrénées	13 214
Le Courrier picard	66 150	La Nouvelle République	
Le Dauphiné libéré	249 468	du Centre-Ouest	231 093
La Dépêche du Midi	198 445	Ouest France	762 822
Les Dernières Nouvelles		Paris Normandie	76 066
d'Alsace	193 573	Le Parisien	351 700
La Dordogne libre	5 774	Le Petit Bleu du	
L'Écho républicain (Chartres)	28 636	Lot-et-Garonne	11 116
L'Éclair (Nantes)	3 414	Le Populaire du Centre	46 302
L'Éclair (Pyrénées)	8 503	La Presse de la Manche	25 094
L'Est Éclair	27 811	Presse Océan	53 029
L'Est républicain	201 047	Le Progrès	246 892
L'Éveil de la Haute-Loire	14 568	La Provence	161 566
Le Havre libre	15 955	Le Quotidien de la Réunion	31 789
Le Havre Presse	13 536	Le Républicain lorrain	151 569
L'Indépendant	65 789	La République des Pyrénées	30 514
Le Journal de la		La République du Centre	52 841
Haute-Marne	26 277	Sud Ouest	318 702
Le Journal de Saône-et-Loire	64 373	Le Télégramme de Brest	191 689
Le Journal du Centre	31 696	L'Union-L'Ardennais	115 465
Libération Champagne	7 077	Var matin	81 433
La Liberté de l'Est	27 810	La Voix du Nord	301 324
Lyon matin	2 635	L'Yonne républicaine	38 141

Source : Diffusion Contrôle-OJD.

Sauf que cette approche « impressionniste », fondée sur l'observation de quelques réussites, voire l'évolution année par

année de chiffres de vente aux évolutions modestes et hiéra-
tiques, occultait des mouvements de fond qui révèlent un recul
quasiment continu des positions de la presse quotidienne locale
depuis les années 1970, le phénomène s'accélérant à l'aube des
années 1980. L'analyse des chiffres de quelques quotidiens, aux
localisations choisies à dessein, permet de prendre conscience
de l'ampleur du problème et de dégager quelques critères d'interprétation. Un premier facteur particulièrement actif est le niveau
d'urbanisation : le recul de la diffusion est d'autant plus élevé
que l'on se trouve sur les grandes métropoles de province
(Marseille, Lyon ou Lille) de 1980 à 2003 : *La Provence* (fusion des
anciens titres du groupe Le Provençal) perd 35,5 % de sa diffusion, *Le Progrès* 32 % et *La Voix du Nord* 19,7 %. Pour des villes de
taille comparable, il semble que la forte concentration d'activités économiques de pointe constitue également un facteur de
faiblesse ; Grenoble et Toulouse illustrent ce phénomène : *La
Dépêche du Midi* a perdu 18,8 % de sa diffusion sur la même
période, quant au *Dauphiné libéré*, il perd 24,6 %. Inversement, la
diffusion sur des régions moins urbanisées, à la sociologie plus
traditionnelle, a permis la progression de *Ouest France* (13,5 %)
et du *Télégramme* (11,3 %).

Évolution des diffusions de quotidiens régionaux 1980-2003
(classés par catégories de formes d'urbanisation)

	1980	2003	1980/2003	%
Les villes métropoles				
Le Progrès	367 199	249 500	– 117 699	– 32
La Provence	250 300	161 200	– 89 100	– 35,5
La Voix du Nord	379 456	304 400	– 75 056	– 19,7
Les villes à économie de pointe				
Le Dauphiné libéré	332 295	250 500	– 81 795	– 24,6
La Dépêche du Midi	256 153	207 800	– 48 353	– 18,8
Les villes à sociologie traditionnelle				
Ouest France	681 262	773 500	+ 92 238	+ 13,5
Le Télégramme de Brest	168 408	187 500	+ 19 092	+ 11,3

Source : Diffusion Contrôle-OJD.

D'autres facteurs peuvent bien sûr être invoqués. Parmi ceux-ci pourrait figurer l'existence ou non d'un véritable pluralisme ou d'une concurrence entre titres. La tendance est au développement des situations de monopole de fait. Elles se traduisent, à chaque fois, par des pertes de lecteurs qui ne retrouvent plus « leur » titre, ni parfois la véritable diversité à laquelle ils étaient habitués (lorsque les différences ne portent plus que sur la « une » comme entre *Havre Presse* et *Havre libre*, *Presse Océan* et *L'Éclair*, etc.). Des approches éditoriales ou des stratégies de groupes ont également interféré. Le bilan de l'ancien groupe de Robert Hersant est ici très négatif (illustré par les chiffres du *Progrès*, du *Dauphiné* ou de *La Voix du Nord* présentés plus haut). Le pari de Lagardère Media de fusionner ses titres marseillais pour créer un journal « moderne » et attractif fut également désastreux du point de vue du lectorat. Il est possible aussi de s'interroger sur l'influence des formes de vente (rôle du portage), les traditions culturelles et religieuses qui pourraient jouer dans les différences Nord/Sud et Est/Ouest. En tout état de cause, la cohérence et la persévérance de stratégies éditoriales et commerciales (prix bas, portage, etc.) constituent les facteurs d'évolution vertueuse.

La pénétration de la presse quotidienne locale

La diffusion permet de construire un indicateur très révélateur de l'évolution de la presse quotidienne locale dans les différents départements : le « taux de pénétration ». Le service « Recherche et développement » de *Ouest France* construit cet indicateur pour tous les départements français depuis 1968, en rapportant le nombre d'exemplaires diffusés sur le nombre de foyers d'un département. Il le fait titre par titre et en cumulant l'ensemble des titres vendus sur une zone géographique. Le taux de pénétration permet d'observer au plus près les pratiques d'achat dans la durée (quatre décennies). Le premier enseignement est loin d'être positif puisqu'il situe le recul de la pénétration des quotidiens locaux sur l'ensemble du pays à – 23,9 %. L'analyse des plus fortes baisses ou des niveaux les plus dégradés des pénétrations conforte, voire radicalise les observations faites sur les diffusions. Tous les départements fortement urbanisés, à économie moderne, connaissent des reculs massifs, avec des niveaux de pénétration désormais très bas. À l'inverse, les départements qui gardent les taux de pénétration les plus élevés sont à sociologie plus traditionnelle, dominés par un tissu rural, avec des villes petites et moyennes.

Exemples de taux de pénétration départementaux

	1968	1982	1990	2003	1968/2003
Urbanisés					
Rhône	59,9	36,7	26,2	16,3	– 43,2
Bouches-du-Rhône	49,1	30,6	25,6	15,5	– 33,6
Nord	58,4	42	35,6	22,4	– 36
Haute-Garonne	45,7	30,3	23,6	14,5	– 31,2
Isère	62,5	36,9	28,1	19,3	– 49,2
Traditionnels					
Finistère	59	67,4	64,5	54,9	– 14,1
Côtes-d'Armor	54,3	55,7	56,2	48,9	– 5,4
Morbihan	54	54,3	53,5	45,5	– 7,5
Corse	60,4	57,8	54,9	40,6	– 19,8

Source : *Ouest France*, service « Recherche et développement ».

L'examen des évolutions dans le temps révèle aussi que le recul, parfois très rapide, n'est pas nouveau. Les exemples du Rhône ou du Nord montrent que la dominante urbaine ou moderne de l'économie n'était pas au départ en contradiction avec des taux de pénétration élevés. En revanche, c'est là que s'opèrent des reculs de grande ampleur, avec des décrochages substantiels entre 1968 et 1982. Parmi les facteurs d'accélération de ces reculs figurent les disparitions de titres. La disparition de *La Croix du Nord* (15 243 exemplaires) après 1968 ne bénéficie à aucun titre, le recul global de la diffusion sur le département étant de – 25 057 en 1975. La fusion de *Nord matin* dans *Nord Éclair* n'apportera que 3 000 exemplaires à ce dernier, alors que *Nord matin* vendait encore 76 000 exemplaires en 1982. Dans certains cas, les évolutions de taux de pénétration tempèrent les résultats positifs de la stratégie d'un titre particulier. C'est ainsi qu'en Loire-Atlantique, *Ouest France* peut se targuer d'avoir développé sa diffusion (passant de 69 067 à 111 796 exemplaires), ce qui, du point de vue de la pénétration, revenait à maintenir *grosso modo* son niveau, ne reculant que de 4,3 % dans une zone dominée par la métropole Nantes-Saint-Nazaire. Au même moment, ses concurrents *Presse Océan* et *L'Éclair* perdaient, eux, 26,4 %, soit un recul global de 30,7 %.

L'audience des quotidiens

La lecture des quotidiens s'appréhende sur un mode déclaratif, au travers d'entretiens en face à face. Ce sont quelque 22 818 personnes qui ont ainsi été interrogées en 2004, sous les auspices de EuroPQN [Brignier, 2002]. Ces questionnaires sont réalisés dans des proportions équivalentes, tous les jours de la semaine, tout au long de l'année, afin d'éliminer les biais liés à la saisonnalité. Plusieurs notions sont recherchées : en premier lieu, la lecture de la veille (lecture dernière période), puis une lecture dans les jours qui ont précédé (dont se trouve tirée la notion de lecture d'un numéro moyen). Il est ainsi possible de cerner les volumes d'audience de chaque titre, d'en tirer les caractéristiques sociodémographiques des lecteurs, de même que les conditions d'achat ou d'accès au journal, tout en les croisant avec des données de pratiques médiatiques et de consommation. Cela en sachant que l'étude de l'audience est d'abord un outil à la disposition des vendeurs de l'espace publicitaire, destiné à convaincre les annonceurs.

L'audience des quotidiens nationaux

	1994	2004
L'Équipe	1 670 000	1 833 000
Le Parisien-Aujourd'hui	1 415 000	1 725 000
Le Monde	1 328 000	1 410 000
Le Figaro	1 217 000	1 081 000
Libération	704 000	572 000
Les Échos	463 000	483 000
La Tribune	254 000	299 000
La Croix	210 000	278 000
France Soir	600 000	209 000
L'Humanité	252 000	209 000

Source : EuroPQN 1994/2004 (à méthodologie constante).

L'étude d'audience permet également de dégager un profil d'ensemble du lectorat des quotidiens nationaux ou régionaux. Il est de même intéressant de se concentrer sur quelques critères déjà évoqués quant aux caractéristiques de la diffusion et du lectorat, tels le sexe et l'âge. Des variations extrêmement sensibles se font jour d'un quotidien national à l'autre : Parmi celles-ci figure bien sûr le décalage parfois considérable entre les lectorats féminin et masculin, tout particulièrement pour les quotidiens spécialisés. En ce qui concerne l'âge, plusieurs titres, à commencer par *La Croix*, mais aussi *Le Figaro* ou *France Soir*, ont un lectorat âgé. *Libération* confirme son caractère générationnel. *Le Monde* est le titre généraliste qui renouvelle le mieux son lectorat.

Audience : pénétration des différents titres par sexe et âge

	Sexe		Âge		
	H	F	15-34	35-59	60 et +
Le Figaro	58	42	20,9	35,2	43,9
Aujourd'hui	61,2	38,8	30,2	40,4	29,4
Le Monde	58,4	41,6	33,3	42,7	24
Libération	60,6	39,4	31,5	52,5	16
Le Parisien	57,2	42,8	31,4	49,3	19,3
L'Équipe	82,9	17,1	46,3	41	12,7
Les Échos	64,2	35,8	32,1	55,3	12,6
La Tribune	69,3	30,7	32,7	52,6	14,8
La Croix	51,5	48,5	9,4	29,7	60,9
L'Humanité	61,8	38,2	24,1	53,6	22,3
France Soir	50,6	49,4	21,6	45,2	33,1
Moyenne	61,9	38,1	32,8	42,9	24,3

Source : EuroPQN, lecture numéro moyen, 2004.

La connaissance du lectorat

Au-delà des grandes données collectives (diffusion et audience) concernant la lecture des quotidiens, chaque éditeur ou chaque titre peut mobiliser ses moyens propres d'études permettant de préciser ou de qualifier les pratiques de lecture. Un éventail d'approches est disponible, les éditeurs de quotidiens français recourant moins systématiquement à celles-ci que leurs homologues de la presse magazine. Les moments privilégiés sont les lancements (fort rares), les nouvelles formules, les périodes de forte crise de diffusion. Une première grande catégorie d'études porte sur la satisfaction des lecteurs au regard du contenu du journal, ces études étant essentiellement quantitatives. Elles partent d'une méthodologie de base dite des « vu/lu ».

Le principe du « vu/lu » consiste à soumettre à un échantillon de lecteurs (éventuellement de non-lecteurs) un ou plusieurs exemplaires du journal qu'ils vont pouvoir feuilleter et lire à leur convenance. Il leur est demandé d'indiquer si les titres, articles, graphiques, etc. des exemplaires analysés ont été simplement vus ou lus. Il est possible d'introduire des procédures visant à situer jusqu'où les articles ont été lus. Une variante des « vu/lu » consiste à demander au lecteur de noter les différents espaces et articles du journal en fonction d'une échelle d'intérêt ou de satisfaction. Dans une autre variante dite de « parcours de lecture », la personne questionnée se verra demander de faire figurer dans quel ordre s'est opérée sa lecture. Pour l'ensemble de ces études, il est possible de comparer les performances d'un titre avec celles d'un autre titre de référence ou concurrent, ce qui se pratique beaucoup en presse magazine, et beaucoup moins pour les quotidiens. Il est possible également de sophistiquer les éléments analysés ou les modes d'appréciation, la limite résidant dans la lourdeur des données à interpréter ensuite (sans parler des coûts).

Une seconde méthodologie très utilisée en presse magazine, celle des groupes, peut également être mobilisée. Elle consiste à multiplier des réunions de petits groupes animés par un spécialiste de ce mode d'études. Chacun des participants à ces groupes a au départ un ou plusieurs exemplaires du journal, qu'il va pouvoir feuilleter tout en commentant ce feuilletage. Une discussion s'ensuit entre les principaux participants, pour passer le plus souvent à un échange plus large sur le journal. L'animateur peut introduire au fur et à mesure des thèmes sur lesquels l'éditeur du titre s'interroge. Les groupes peuvent être constitués de lecteurs réguliers, épisodiques et non-lecteurs, de façon à faire ressortir les contrastes. Là encore, l'analyse peut porter sur un titre concurrent. Au-delà d'interprétations et de synthèses effectuées par l'organisme d'étude réalisant ces groupes, la méthode permet à différents responsables du journal (commerciaux, marketing, rédacteurs en chef) d'observer dans leur déroulement ces réunions (derrière une glace sans tain par exemple) ou d'en obtenir des copies vidéo. Rien n'interdit d'utiliser de tels montages vidéo dans des réunions de service ou séminaires de rédaction, cette procédure étant assez exceptionnelle en presse quotidienne, tout du moins en France.

Outre ces méthodologies plutôt spécifiques à la lecture de la presse, des formes d'enquêtes plus traditionnelles sont utilisées, qu'il s'agisse d'enquêtes quantitatives par questionnaire, des différentes formes d'enquêtes qualitatives par entretien en face à face du plus directif au totalement ouvert. De la même manière, le contenu du journal peut être suivi dans la durée en le soumettant périodiquement à des panels, ce que fait *20 Minutes*, qui recourt à un panel de 3 800 personnes interrogées chaque semaine.

Évolution de budget/temps : 1986/1999

	1986	1999	Évolution en %
Temps de loisirs	03 h 40	04 h 13	+ 15
Télévision	01 h 46	02 h 07	+ 20
Lecture	27 min.	25 min.	− 7
Promenade	15 min.	20 min.	+ 33
Jeux	10 min.	16 min.	+ 60
Sport	8 min.	9 min.	+ 22
Bricolage, jardinage, etc.	33 min.	38 min.	+ 9

Source : INSEE, enquêtes « Budget-temps », tableau issu de l'étude « La situation de la presse quotidienne nationale dans son univers concurrentiel », BIPE-SPP, 2004.

Les équipes de marketing des différents quotidiens suivent également les pratiques de lecture au travers d'enquêtes plus larges, permettant de situer le rapport au quotidien vis-à-vis d'autres pratiques culturelles, de loisirs, de consommation, etc. Parmi les études les plus couramment évoquées figurent les enquêtes budget/temps (réalisées par l'INSEE), les budgets des ménages (INSEE), les enquêtes loisirs, voire de grosses études de consommation telles que l'étude SIMM de Interdéco. Les études budget/temps révèlent que, entre 1986 et 1999, la lecture (tous supports confondus) passe de 27 à 25 minutes chaque jour, alors que le temps consacré à la télévision est passé de 01 h 46 à 02 h 07. Les données concernant les budgets des ménages montrent que, entre 1960 et 2001, la part de l'achat de quotidien évolue peu — autour de 0,30 % — alors que celle des différentes dépenses liées à la télévision (abonnements, etc.) passe, elle, de 0,30 % à 0,60 %.

Conclusion / Quotidiens, pluralisme et démocratie

Où va la presse quotidienne ? Quelle place pour les journaux dans un univers médiatique dominé par les écrans, l'instantanéité et la gratuité ? Combien de quotidiens, pour un média écartelé entre des quotidiens réservés à une élite ou des spécialistes et des « gratuits », accessibles, agréables, mais dont le modèle économique n'autorise pas le traitement de dossiers ou d'enquêtes approfondis ? Autant de questions omniprésentes, resurgissant avec davantage de force à chaque période de fragilisation des quotidiens, manquant de publicité, voyant leur lectorat le plus jeune se détourner des titres traditionnels. Le constat des contradictions comme des difficultés de s'adapter pour le plus ancien *mass media* ne saurait tenir lieu de prospective, sachant que l'histoire des médias appelle la plus grande prudence quant à des diagnostics tant de fois renouvelés sur la « mort du papier ». Plutôt que de s'engager dans une démarche aussi hasardeuse, il est plus intéressant, en conclusion, de s'interroger sur les relations entretenues par la presse quotidienne avec la vie politique, les institutions, le débat d'idées au sein de nos démocraties.

Pluralisme et pluralité

Dans la tradition française, la diversité des titres quotidiens constituait le mode d'expression de chaque option politique ou philosophique, sinon de chaque projet ou ambition politique personnel. Ce modèle historique du pluralisme à la française qui reste le socle du cadre juridique, comme les aides publiques, qui s'appliquent à la presse, est sans doute largement derrière nous, même si subsistent des témoignages vivants (*La Croix*, *L'Humanité*, *La Marseillaise*, etc.) de ce paysage. De ce point de vue, les quotidiens français se rapprocheraient plutôt d'un pluralisme à l'anglo-saxonne : sans identification précise à quelque parti ou idéologie, mais avec une structuration de l'offre éditoriale selon les grandes sensibilités du pays. En province, c'est plutôt la question de la pertinence de monopoles, y compris dans des villes métropoles de la taille de Marseille ou de Lille, qui se pose face à des sociétés « locales » plurielles.

Au regard des médias d'actualité concurrents, le quotidien bénéficie de quelques atouts très précieux du point de vue du pluralisme : l'abondance de l'espace pour développer l'information, la capacité à permettre une vision d'ensemble. L'abondance de l'espace permet de rendre compte, plus que dans les autres médias, de la diversité des conceptions, des points de vue, des sensibilités. Elle facilite aussi la possibilité d'aller chercher des courants ou des expressions encore très marginaux dans le débat public. Elle invite à interroger des groupes, des segments de la société qui ne trouvent qu'exceptionnellement leur place dans l'audiovisuel, structurellement hiérarchisant et sélectif. Le quotidien peut donc, davantage que tout autre média, restituer la pluralité, la diversité, les différences dans les projets et les analyses, tout en les rendant disponibles à un public indifférencié (contrairement aux médias communautaires ou segmentants, tel que l'Internet).

C'est dire que le pluralisme des quotidiens relève davantage de ce qui, dans la tradition de l'audiovisuel belge ou allemand, était qualifié de « pluralisme interne » [Kelly, 2004], soit la capacité et l'exigence de rendre compte de la diversité des approches sur chacune des grandes questions du moment. Sauf que les quotidiens peuvent, de surcroît, par leur nombre, prétendre légitimement représenter des sensibilités dans le mode de présentation des débats et controverses en cours. Peut-être aussi seront-ils davantage amenés à articuler pluralisme et pluralités, dans le sens de proposer des approches éditoriales, davantage en cohérence avec des formes d'identités en présence dans nos sociétés, que celles-ci renvoient à des âges, des générations, des modèles culturels, des styles, sinon des modes. D'aucuns y verront l'empreinte possible d'un marketing éditorial adapté au quotidien. Il pourrait aussi s'agir d'une adaptation de ce média aux modes de différenciation et de débats des sociétés, qui accordent moins leurs priorités aux modalités du débat politique lui-même.

Débat, diversité et expression

Le quotidien permet et suscite la diversité des points de vue sur les questions en discussion au sein du corps social. En tant que média d'actualité, il recueille et recherche la diversité d'analyses et de réactions à chacun des événements locaux, nationaux et internationaux. Ses structures rédactionnelles particulières — existence de services, de journalistes spécialisés ou rubricards, correspondants locaux et internationaux, etc. — lui permettent de suivre et accompagner les questions en discussion à ces différents niveaux. De la même manière que les capacités d'analyse et d'enquête de rédactions souvent nombreuses, avec des journalistes aux capacités reconnues (spécialistes, chroniqueurs, éditorialistes, etc.) contribuent à mettre en perspective, relancer, interpeller, valoriser les positionnements des divers acteurs politiques, économiques, culturels, etc. L'évolution que connaît le quotidien depuis plusieurs décennies, avec l'élargissement des registres rédactionnels couverts (en économie, société, éducation, santé, sciences, écologie, culture, etc.), permet d'élargir et d'accompagner sans cesse les domaines au sein desquels prennent racine et se développent les controverses et les acteurs de ceux-ci.

Si le quotidien est de moins en moins la plate-forme d'expression d'un courant de pensée, au travers d'éditoriaux ponctuant les événements au jour le jour, il a su, en revanche, ouvrir des espaces dans ses pages qui ont vocation à recueillir les expressions les plus diverses. Là aussi, l'élargissement des domaines concernés et des acteurs pouvant intervenir est pris en compte dans les rubriques « Rebonds », « Débats et opinions », « Idées », « Horizons-débats », etc., sur le modèle de ce qu'avaient su développer beaucoup plus tôt nombre de grands quotidiens européens, de la *Frankfurter Allgemeine Zeitung* à *La Repubblica*, en passant par *El Pais* ou le *Guardian*. Chefs de partis, dignitaires des églises, maires de grandes agglomérations, artistes, grandes figures morales et intellectuelles, mais aussi chercheurs, experts, syndicalistes, etc. se relaient au travers de tribunes dont la diversité de formats se prête aussi bien au « cri » ou au « coup de cœur », qu'au témoignage, à l'analyse et à l'argumentation plus complexe. Tous les médias, aujourd'hui, sont à la recherche de telles tribunes, témoignages des idées en mouvement, de la société en train de se faire, aucun n'offre autant de possibilités, en nombre d'intervenants possibles, ni de plasticité (richesse d'expression et souplesse argumentative).

Aussi élargies soient-elles, la prise de parole et l'expression des tribunes ouvertes par les quotidiens ne suffisent pas à recueillir les points de vue et réactions du simple lecteur-« citoyen ». Traditionnellement les quotidiens consacraient un maigre espace au « courrier des lecteurs » où se trouvaient repris de courts extraits des lettres reçues par la rédaction. Désormais le courrier change de statut, parfois de nom (« Courrier », « Mot à mot », « Franchise postale ») et de place (entre les deux « Événements » dans *Libération*, au sein même de la rubrique « Débats et opinions » du *Figaro* ou de la section « Horizons » du *Monde*). Les textes eux-mêmes, stimulés par la forme du « courriel » transitant sur le Net, sont plus structurés, plus synthétiques et finalement plus aisément publiables dans leur intégralité. Ils sont mis en pages, titrés, éventuellement regroupés par thèmes. Le supplément « Tentation » de *El Pais*, avait ainsi innové en proposant à ses lecteurs adolescents de publier (en pages deux et trois) leurs textes, souvent très courts (une phrase, une strophe de poème, etc.) envoyés en réponse aux thèmes ou sujets proposés par le journal. L'objectif est de constituer le quotidien comme espace d'expression du débat public et de l'ensemble de ses composantes, jusqu'au plus modeste citoyen-lecteur. Le débat sur la manière de traiter le débat, autrement dit la rubrique de l'Ombudsman [Bertrand, 1999] ou du médiateur, constituant pour des quotidiens comme *El Pais* ou *Le Monde*, une composante naturelle de ce débat public et de cette interactivité entre le journal et son public.

Contre-pouvoir

Supporter, stimuler, mettre en scène le débat public n'épuise pas le rôle des médias dans une démocratie, qui appelle tout autant contrôle du pouvoir et contre-pouvoir. Là encore la taille et la composition des rédactions des quotidiens avec leurs services spécialisés, leurs rubricards, grands reporters, correspondants, envoyés spéciaux, chroniqueurs, etc., sans compter la ressource des services de documentation et banques de données, confèrent à ceux-ci une place et un rôle à part. Cela se concrétise au jour le jour par le suivi des institutions démocratiques (suivi des travaux parlementaires, ainsi que des assemblées départementales et régionales, chronique judiciaire, etc.). Ils prennent surtout la forme du traitement de dossiers travaillés dans la durée, sans compter les enquêtes au long court du « journalisme d'investigation ». Le suivi des affaires, qui tout au long des années 1980 et 1990 marqueront profondément la société française, illustre la place centrale occupée par les rédactions du *Monde*, de *Libération*, du *Parisien*, au côté de quelques « news », s'appuyant alors sur leurs « cellules d'investigation » [Charon, 2003].

De la même manière à l'international, lorsque les crises atteignent un paroxysme dans la dangerosité (Balkans, « grands lacs », Tchétchénie, Moyen Orient, Irak, etc.) les quotidiens jouent un rôle privilégié qui tient à leur capacité à traiter la complexité, à tenir des discours développés et documentés, tout comme à la plus grande sobriété des moyens nécessaires pour informer. Car autant le quotidien est lourd et rigide dans ses structures économiques et « industrielles », autant il bénéficie de conditions d'exercice du journalisme discrètes et économes en moyens. « Un simple bloc-notes et un stylo », plaisantent les reporters. Le journalisme de quotidien peut dès lors s'adapter plus facilement, faire preuve de flexibilité et de patience, et révéler le moment venu les conditions les plus exactes d'une situation. De la même manière, si le réseau de correspondants à l'étranger constitue un poste de coût fixe tout à fait substantiel, il reste cependant hors de proportion des coûts des réseaux de correspondants des télévisions.

Pluralisme, débats, expression, diversité, contre-pouvoir, ces dimensions ne sont pas exclusives du quotidien, l'ensemble des médias d'actualité s'employant à tenir leur place dans ces registres essentiels au fonctionnement démocratique. Sauf que les quotidiens par leurs moyens rédactionnels plus développés, la diversité des compétences journalistiques qu'ils rassemblent, les conditions de traitement diversifiées d'un nombre de sujets particulièrement étendu, constituent une sorte de noyau ou de ferment du système d'information, qui va se nourrir de leurs dossiers, leurs enquêtes, leurs prises de position pour les reprendre et leur donner souvent un écho et une audience bien supérieurs. Il n'en reste pas moins que ce rôle tout à fait essentiel appelle pour nos sociétés une attention et des formes de soutien adaptées, qui ne sauraient se limiter au respect de la saine concurrence entre médias. Les modalités du cadre institutionnel et des aides produites au fil des siècles dans le cadre français ont certainement révélé bien des faiblesses, illustrées par la fragilité de nombre de titres. Il n'est cependant pas sûr que la seule alternative au niveau européen soit son traitement comme une activité économique et commerciale parmi d'autres.

Repères bibliographiques

ALBERT P., *La Presse*, PUF, « Que sais-je ? », Paris, 1996.

ALBERT P. et TERROU F., *Histoire de la presse*, PUF, « Que sais-je ? », Paris, 1970.

ALMEIDA F. et DELPORTE C., *Histoire des médias en France. De la Grande Guerre à nos jours*, Flammarion, Paris, 2003.

BALLE F., *Médias et Société*, Montchrestien, Paris, 1994, 2001 et 2003.

— *Introduction aux médias*, PUF, Paris, 1994.

BAYART D. et BENGHOZI P.-J., *Négocier la modernisation : le cas de la presse*, La Documentation française, Paris, 1992.

BELLANGER C. et al., *Histoire générale de la presse française*, tomes 1 à 5, PUF, Paris, 1969 à 1976.

BERTOLLUS J.-J., *Les Médias-maîtres. Qui contrôle l'information ?* Seuil, Paris, 2000.

BERTRAND C.-J., *L'Arsenal de la démocratie. Médias, déontologie et MARS*, Paris, Economica, 1999.

BILGER P., *Le Droit de la presse*, PUF, « Que sais-je ? », Paris, 2003.

BRIGNIER J.-M. *et al.*, *Mesurer l'audience des médias*, Dunod, Paris, 2002.

BURGAGE R., *La Presse aux États-Unis. Quotidiens et groupes de presse*, La Documentation française, Paris, 1981.

CAYROL R., *Les Médias*, Thémis/PUF, Paris, 1991.

CHANIAC R. (dir.), « L'audience : presse, radio, télévision, Internet », *Hermès*, n° 37, CNRS Éditions, Paris, 2003.

CHARON J.-M., *La Presse en France de 1945 à nos jours*, Seuil, Paris, 1991.

— *La Presse des jeunes*, La Découverte, « Repères », Paris, 2002.

— *Les Médias en France*, La Découverte, « Repères », Paris, 2003.

CUCHET P., *Étude sur les machines à composer et l'esthétique du livre*, Jérôme Million, Grenoble, 1986.

DELPORTE C., *Les Journalistes en France. 1880-1950*, Seuil, Paris, 1999.

DERIEUX E., *Droits des médias*, Dalloz, Paris, 1995.

— *Droit de la communication*, LGDJ, Paris, 2003.

Donnat O., *Les Pratiques culturelles des Français. Enquête 1997*, La Documentation française, Paris, 1998.

Dupuy M., *« Le Petit Parisien », le plus fort tirage des journaux du monde entier*, Plon, Paris, 1989.

Eveno P., *Le Journal Le Monde. Une histoire d'indépendance*, Odile Jacob, Paris, 2001.

Gayan L.-G., *La Presse quotidienne régionale*, Milan, Toulouse, 1990.

Grosse E.-U. et Seibold E., *Presse française, presse allemande. Études comparatives*, L'Harmattan, Paris, 2003.

Guissard L. (dir.), *Le Pari de la presse écrite*, Bayard, Paris, 1998.

Jeanneney J.-N., *L'Argent caché*, Seuil, Paris, 1984.

— *Une histoire des médias. Des origines à nos jours*, Seuil, Paris, 1996.

Junqua D., *La Presse, le citoyen et l'argent*, Gallimard, « Folio », Paris, 1999.

Kelly M. et al., *The Media in Europe. The Euromedia Handbook*, Sage, Londres, 2004.

Labasse B., *Une dynamique de l'insignifiance*, Lyon, Presses de l'Enssib, 2002.

Lemoine J.-F., *L'Europe de la presse quotidienne régionale*, SPQR, Paris, 1992.

Lemieux C., *Mauvaise presse*, Métailié, Paris, 2000.

Le Floch P. et Sonnac N., *Économie de la presse*, La Découverte, « Repères », Paris, 2005, nouvelle édition.

Martin-Lalande M., *Projet de loi de finances pour 2005. Communication*, rapport spécial n° 1863, annexe 14, Assemblée nationale, Paris, novembre 2004.

Mathien M., *La Presse quotidienne régionale*, PUF, « Que sais-je ? », Paris, 1986.

Padioleau J.-G., Le Monde *et le* Washington Post. *Précepteurs et mousquetaires,* PUF, Paris, 1985.

Palmer M., *Des petits journaux aux grandes agences*, Aubier, Paris, 1983.

Rétat P., *La Révolution du journal (1788-1794)*, CNRS Éditions, Paris, 1989.

Poulet B., *Le Pouvoir du* Monde, La Découverte, Paris, 2003.

Santini A., *L'État et la presse*, Litec, Paris, 1990.

Sergeant J.-C., *Les Médias britanniques*, Ophrys, Gap/Ploton, Paris, 2004.

Soulé R., *Lazareff et ses hommes*, Grasset, Paris, 1992.

Todorov P., *La Presse française à l'heure de l'Europe*, La Documentation française, Paris, 1990.

Toussaint-Desmoulins N., *L'Économie des médias*, PUF, « Que sais-je ? », Paris, 2004.

Voyenne B., *Les Journalistes français : d'où viennent-ils ? Qui sont-ils ? Que font-ils ?* CFPJ/Retz, Paris, 1985.

Table des matières

Collection

R E P È R E S

dirigée par
JEAN-PAUL PIRIOU (de 1987 à 2004), *puis par* PASCAL COMBEMALE,

avec STÉPHANE BEAUD, ANDRÉ CARTAPANIS, BERNARD COLASSE, FRANÇOISE DREYFUS, YANNICK L'HORTY, PHILIPPE LORINO, DOMINIQUE MERLLIÉ, MICHEL RAINELLI et YVES WINKIN.

ÉCONOMIE

SCIENCES POLITIQUES-DROIT